JN109873

昭和の代議士

楠精一郎

吉川弘文館

目 次

はじめに

二〇〇三（平成一五）年一一月に施行された第四三回総選挙（衆議院議員選挙）は、一八九〇（明治二三）年に行われた最初の総選挙から数えて四三回目（戦後だけなら二二回目）ということになる。わが国の議会政治はすでに一〇〇年を超える歴史をもっているが、この間に一度も中断したことはない。途中に戦時議会という著しく機能低下した時代をはさんではいるが、辛うじて戦後まで続いてきた。

ただし、戦前の帝国議会と戦後の国会では、その地位と権限において大きな隔たりがあることはいうまでもない。帝国議会は立法や予算に協賛し、行政を監督することを主たる役割としたが、官僚の権限のほうが極めて強く、また、元老や枢密院、軍部など議会を制約する機関も存在した。いっぽう、国会は日本国憲法によって「国権の最高機関であって、国の唯一の立法機関」と位置づけられ、戦前は一時期、慣習的に存在したに過ぎない政党内閣制（政党が内閣を組織する制度）も、戦後は議院内閣制（内閣の存立が議会の意思に基づく制度）を規定する憲法のもとで自明の存在となった。しかし、このような差異はあるものの、選挙を通じて民意を調達する国家機関という議会の基本的性格に違いはない。そして、連続しているのは、議会という仕組みばかりではない。その中身の人物もまた連続している。

戦前に立憲政友会（以下、政友会）の幹事長を務めた政治家で、戦後も国会に議席を確保した者は、前田米蔵、鳩山一郎、松野鶴平、安藤正純、砂田重政、東郷実（政友会革新派）、岡田忠彦（政友会正統派）と七名もいる。また、憲政会あるいはその後身である立憲民政党（以下、民政党）の幹事長を務め、戦後に議席を得た政治家も、三木武吉、大麻唯男の二名がいる。もっとも、戦前の政党幹事長は、戦後長きにわたって政権の座にある自由民主党（以下、自民党）の幹事長ほど重みはなく、少壮・中堅代議士が就任する場合が少なくなかった。そのため、比較的年齢が若い。とはいえ、いずれも、彼らが戦前すでに陣笠代議士の域を脱していたことは確かである。

以上の幹事長経験者のうち、鳩山は一九五四（昭和二九）年に内閣総理大臣となり、安藤、砂田、大麻（東条英機内閣の国務相）の三名も、戦後に国務大臣となった。さらに、松野（米内光政内閣の鉄道相）は参議院議長になり、また戦前すでに数度の閣僚経験を持つ前田は、戦後の保守合同の際にはその立役者となった三木とともに一定の役割を果たした。これが、戦前の一般代議士レベルということであれば、戦前と戦後の両方に議席を得たものは、片山哲、芦田均、三木武夫の三名の総理大臣経験者をはじめとして、枚挙に暇がない。

戦前と戦後に同一の政党政治家（政党人）が登場してくるなら、一九四〇年八月の民政党解散をもって敗戦まで一旦は消えた政党政治も、また人物的に連続していると見てよいだろう。だとすれば、戦後の政党政治のありかたを決定づける政治家同士の関係も、戦前にさかのぼらなければその実相が理解できない場合もあるはずだ。

たとえば、鳩山一郎と三木武吉は、かつて所属政党を異にする政敵・ライバルであった。それが、どうして戦後は一転して三木が鳩山の軍師となったかといえば、ひとつには、三木が学生時代の恩師で生涯の師と仰いだ鈴木喜三郎が鳩山の義理の兄であり、また三木が若い頃勤務していた衆議院議事課の上司が鳩山の妻薫子の父・寺田栄であったからである。もともと、二人は個人的には近い関係にあったのだ。さらには、戦時中の翼賛体制期（四〇年一〇月大政翼賛会が発足して以降）に、彼らはかつての党派を超えて反東条内閣の立場で連帯した。このような事情を知らなければ、戦後の二人の関係もよく見えてはこない。逆に、前田と鳩山はかつて同じ政友会にありながら、ライバルであった。それが、翼賛体制期にはさらに対立的な関係に発展し、戦後も違った道を歩んだが、保守合同の際には恩讐を超えて提携関係をむすんだ。

戦中期、政党がすべて解散したあとの帝国議会のなかでは、それまでの、政友会や民政党、社会大衆党（以下、社大党）といった党派をこえた政治家同士の交流や離合集散があり、そのなかで、翼賛体制に協力的であったかどうかの濃淡が戦後政治に大きな影を落とした。また、戦後は公職追放にあったものと、追放から免れたものとの間にも、人間関係において差異が生じた。

ところで、興味深いことに、終戦から自民党が結成されるまでの一〇年間に活躍する鳩山一郎ら戦前型の政党政治家の多くは、ほぼ同世代といってよい。たとえば、本書のなかで頻繁に登場する鳩山、三木、前田、大麻、松野、安藤、大野伴睦、河野一郎、林譲治、益谷秀次、芦田均、川島正次郎、の一二名をとりあげてみよう。彼らのうち最も年長なのが安藤（一八七六年生まれ）で、最も年少は河野（一八九八年生まれ）であるが、この二人は年齢的に他のものから突出しているので、あとの一〇名は一八八二年生まれの前田と、一八九〇年生まれの川島、大野の中間に並ぶ。

初めて代議士になった年を調べると、鳩山が最も古くて一九一五（大正四）年の第一二回総選挙、逆に河野と芦田が最も新参で一九三二年の第一八回総選挙で、他の九名の初当選は、第一三回二名（三木、前田）、第一四回三名（松野、益谷、安藤）、第一五回一名（大麻）、第一六回一名（川島）、第一七回二名（大野、林）、といったところであった。彼らはわが国の戦前の短い政党政治の全盛の時代に、代議士として国政に登場した人々なのである。

さらには、彼らが大正デモクラシーの高揚を象徴する第一次護憲運動があった一九一三年二月前後の時点で、平均年齢約二六歳という多感な青年時代を迎えていたことは特筆されよう。つまり、大正デモクラシーという「時代精神」を共有する点に、戦前型政党政治家のひとつの特徴を見出すことができる。彼らはまた、終戦時には平均年齢約五八歳であり、政治家としては引退するにはまだ早過ぎる年でもあった。こうした一群の戦前型政党政治家が政界から去っていく一九六〇年代中ごろまで、政党政治家たちの人間関係に着目しながらその足跡をたどって行く。

なお、本書では政党政治家という場合、政党に所属する衆議院議員（代議士。戦後は参議院議員も含む）を指す。したがって、戦後の国会議員は一部の無所属議員を除いてすべて政党政治家ということになるので、原則として、戦前に政党政治家であったものを党人派（あるいは戦前型政党政治家）、高級官僚の経歴を背景に戦後に国会議員となったものを官僚派と呼ぶことにした。また、本書に示す総選挙結果等の政党・会派別所属議員数は、衆議院・参議院編『議会制度百年史　院内会派編』（一九九〇年）によった。

一　戦前・戦中期の政党政治家

1　原敬亡き後の政友会

高橋総裁をめぐる確執

戦前にあって最も卓抜した指導力を有した政治家のひとりが、「平民宰相」と呼ばれた原敬(たかし)であることに大方異論はないだろう。彼は政友会を率いて一九二〇（大正九）年五月の第一四回総選挙に臨み、前年に導入したばかりの小選挙区制の下で、定数四六四議席（前回より八三議席増）のうち、前回より一一五名増の二七八名を獲得した。単独過半数をはるかに上回ったのだが、実は戦前に行われた二一回の総選挙のうちで、単一の政党が過半数を得た例は六回しかない。しかも、そのうち、圧倒的勝利といえるのは、第六回（一八九八年）の憲政党、第一七回（一九三〇年）の民政党、第一八回（一九三二年）の政友会と、この第一四回の政友会の勝利ぐらいで、この勝ちっぷりはまさに政友会結党以来のものといってよいだろう。原の率いる政友会は、衆議院ばかりでなく、貴族院や陸軍のような政党にとってはこれまで鬼門とされてきた組織にまでコントロールを利かせた。こうして、原内閣は戦前最強の内閣となった。

ところが、議会において盤石の構えを確立したわずか一年半後の一九二一年一一月四日、せっかくの多数与党を十分に生かすことなく、原は国鉄大塚駅職員中岡艮一（こんいち）によって東京駅で刺殺されてしまった。彼の政治力があまりに抜きん出ていたため、まだ後継者も十分には育ってはおらず、またライバルすらも存在しない原の亡き後の政治政党はバランスを失ってしまう。戦前の政党政治の不幸の始まりといえるかもしれない。

原首相暗殺後、原内閣の蔵相高橋是清が内閣を継いだ。政友会には高橋の他に、床次（とこなみ）竹二郎、山本達雄、野田卯太郎などの有力者がいたが、高橋は原内閣の政友会所属閣僚中もっとも宮中席次（宮中儀式に参列する場合の席次）が高かったことから、元老（天皇の最高顧問）の西園寺公望によって後継の総理大臣に奏薦された。そして、同内閣成立の翌日に、政友会は「総理・総裁不可分論」の原則から高橋を同党総裁に推戴した。

高橋は政友会党員としては新参者だった。さらに、第一次山本権兵衛内閣の大蔵大臣になるため、入閣の条件として同内閣の与党政友会に不本意ながら入党したという経緯からしても、原のように大政党を率いていく指導力も、頼るべき子分も持ち合わせてはいなかった。また「ダルマ」の愛称で知られる高橋であったが、言動には角張ったところが多く、無用な摩擦も少なくなかった。特に、原内閣の山本達雄農商務相とは、高橋が日銀副総裁のとき山本が日銀総裁の地位にいた関係もあって、いたって不仲であった。このため、政友会では中橋徳五郎文相の更迭を含めた内閣改造を主張する高橋や野田、岡崎邦輔、横田千之助らの総裁派（改造派、のちの非改革派）と、床次や山本、中橋、元田肇、鳩山一郎ら反総裁派（非改造派、のちの改革派）による内紛が表面化する。

結局、高橋内閣は閣内不統一で一九二二年六月に総辞職するが（明治憲法下での首相は、閣僚の罷免権をもたないため、閣内に混乱が生じると、しばしば総辞職に追い込まれた）、その後政権は政党に戻らずに、前内閣の海軍大臣の加藤友三郎へと移り、二四年までの二年間、加藤（友三郎）、第二次山本権兵衛、清浦奎吾と非政党内閣が続いた。政友会は二七〇余の議席を有しながら、政権は同党の前を素通りしていったわけである。そこで、貴族院の勢力を基礎とした清浦内閣が二四年一月七日に成立すると、加藤高明を党首とする憲政会、犬養毅が率いる革新倶楽部、それに政友会の三派の有志は、同内閣を「特権内閣」であるとして倒閣運動に動き出した。

策士小泉三申と護憲運動

高橋はこのとき、なかば総裁辞任の意思を固めていたが、これを翻意させ、原のように自ら衆議院に基盤を置くリーダーとして「特権内閣」に対決するよう、高橋に子爵の爵位と貴族院議員を辞して総選挙への出馬を仕向けたのが、策士といわれた小泉策太郎（号は三申）である。高橋に辞爵させたのは、華族の当主（有爵者）に衆議院議員の選挙権、被選挙権が与えられていなかったからであるが、そもそも、貴族院議員を主体とする内閣を「特権内閣」と攻撃するのに、その張本人が華族で貴族院議員では都合が悪い。小泉は高橋を説得すると、彼の代わりに「我が立憲政友会諸君に告ぐ」なる文書を書き上げた。小泉は文筆家としても知られているが、この文書は文筆家として著名な徳富蘇峰が激賞したほどの名文で、マスコミや世論を味方にするうえで大いに役立ったともいわれている。

犬養毅の片腕であった古島一雄にによれば、「政党の方は僕と政友会の小泉（策太郎）とが相談の上で、小泉は加藤の憲政会方面、僕は犬養と三浦方面（梧楼—筆者注）の交渉に当り、政友会は小泉と横田（千之助）が引受けて第二次護憲運動を始めた」（古島一雄『一老政治家の回想』）という。古島と総裁派の小泉、それにかつて「原の懐刀」と呼ばれた剛腕の横田が、護憲運動という名の倒閣運動を仕掛けたというわけである。また、このとき小泉の腹心で一年生議員の松野鶴平（野田卯太郎の女婿）は、分裂する議員やその数を的確に予測し、のちに「選挙の神様」「策士」と呼ばれる片鱗をうかがわせている。

さて、小泉らの仕掛けどおり、政友会、憲政会、革新倶楽部のいわゆる護憲三派は、長州出身ながら反山県有朋の立場をとってきた枢密顧問官の三浦梧楼の仲介もあって結束を固め、特権内閣打倒、政党内閣樹立をめざした第二次護憲運動に乗り出した。これに対して、政友会では床次ら反総裁派が清浦内閣を支持し、脱党して政友本党を結成した。このとき、鳩山は政友本党に走り、横田系の前田米蔵は政友会に残留した。

ところで、鳩山は一八八三（明治一六）年一月一日、東京に法律学者で政治家の鳩山和夫の長男として生まれ、東京帝国大学法科大学法律学科を卒業すると、ただちに弁護士となった。明治期の帝国大学法科大学卒業生には無試験で司法官試補に任用され、弁護士を開業する特典が与えられていたからである。そして、一九一五（大正四）年三月から東京市選挙区で衆議院議員に初当選して以来、戦前に当選一〇回を重ね、田中義一内閣では内閣書記官長（今日の内閣官房長官）、また、犬養、斎藤実の両内閣では文部大臣を歴任している。いっぽうの前田は、一八八二年二月一七日、和歌山県に穀物・呉服商前田嘉平治の四男として生まれた。東京法学院（中央大学の前身）を卒業し、判事検事登用試験に合格して弁護士となり、衆議院議員には東京府郡部選挙区から一九一七年四月に初当選した。以後戦前には九回当選を重ね、田中内閣では内閣法制局長官、犬養内閣での商工大臣をはじめ、広田弘毅、平沼騏一郎、小磯国昭の各内閣で閣僚を歴任し、さらに、戦中期は親軍派の巨頭として、大政翼賛会議会局長や翼賛政治会常任総務などを務めることになる。

なぜ床次らは脱党してまで清浦を支持したのだろうか。それは、かつて、原総裁が藩閥官僚派の牙城であった貴族院の支持を取り付けるため、同院の子爵議員中心の会派「研究会」に腹心の床次を接近させて、懐柔工作にあたらせていたが、こうした関係から、床次は政友会と協調的な研究会を基盤とした清浦内閣を見捨ててはおけなかったからである。もちろん、床次には損得勘定もあっただろう。ここで支持しておけば、いずれ清浦から政権の禅譲も可能と考えたかもしれない。

しかし、床次らの分裂行動は護憲三派の結束をかえって強め、一九二四年五月の第一五回総選挙は護憲三派の勝利に終わった。この結果、一四六名を得て第一党となった憲政会の加藤総裁は、護憲三派を基礎に連立内閣を組織し、ここに議会の多数に基づく政党政治の時代が始まったわけである。政権の座にすわった憲政会は、第二次大隈重信内閣の与党が合同して結成されたものだが、同内閣の崩壊以来長く政権から無縁であったことから、世間はこれを「憲政会の苦節十年」と呼んだ。

一九二五年二月、三派の要であった横田千之助法相が死去（後任は政友会の小川平吉）したこともあって、連立内閣の結束は弛緩していた。また、政友会の高橋是清が同年四月、陸軍大将田中義一と総裁を交代したことを機会に、高橋が兼摂していた農林、商工の両大臣（二五年に農商務省が二省に分離）を辞任したことも三派の結束には影響を及ぼした。そもそも、総選挙前、政友会は憲政会の二倍以上の議員数を得ていた。それが、二派に分裂したため、選挙後は政友本党の一一二名をも下回る一〇一名しか獲得できず、しかも、元首相の高橋は伴食大臣に甘んじる有様で、憲政会の風下に立ってしまったことへの不満が党内には充満していた。そこで、指導力のある人物、もっと直截にいえば、政治資金の集められる総裁に交代させようという動きが生まれたのも、かつて原という強力な集金力をもった人物を総裁に戴いていた政友会の党員からすれば、無理からぬことだったかもしれない。日銀総裁や大蔵大臣を歴任した高橋ではあったが、個人的には物欲に恬淡でたいした資産も無く、また政治資金の工面も得意ではなかったのである。

「おらが大将」が政友会総裁に

政友会の第五代総裁に迎えられた田中義一は、原内閣では陸軍大臣を務めていた。田中は政友会が長年敵対してきた藩閥の長州出身ではあるものの、彼の政治資金調達能力、陸軍への影響力、「おらが大将」（「おら」と自分を呼んだ）と親しまれた庶民性、在郷軍人会や青年団の組織化にみせた大衆組織力などは、いずれも政友会にとっては魅力的に映った。もっとも、大将とはいえ、一介の軍人に資金調達能力があるというのも妙だが、田中と同郷の財閥久原房之助の後援があったといわれている。また、陸軍機密費を流用していたのではないか、との疑惑ものちに議会で浮上した。いずれにしても、この時代は政党人でなくても総理大臣になれるにもかかわらず、軍人出身の田中が敢て政党に入ったということは、それが政権へ接近する近道と考えたからにほかならない。つまり、それだけ当時は政党の勢いが盛んであったということになる（田中は高橋のように貴族院議員から代議士に鞍替えはしなかった）。

このとき、田中の担ぎ出しに奔走したひとりが、これまた小泉策太郎だった。小泉は、一方で田中のような軍人と親交を持ちながら、他方では大逆事件で刑死した幸徳秋水や、社会主義者の堺利彦とも交わりがあった。もともとはジャーナリストであったが、一九一二（明治四五）年の第一一回総選挙で静岡から出馬し次点となった。その後繰上げ当選となり、以後七期ほど代議士を務め、前述のように政界では名うての策士として知られた。しかし、また彼は政界において最高の「文人」とされ、多くの史伝や評論を著し、その主要なものは岩波書店から出版された『小泉三申全集』などにおさめられている。

高橋から総裁を引き継いだ田中は、加藤首相から入閣を求められたがこれを断った。政友会からは商工相に野田、農相に岡崎の二長老が就任したが、憲政会との関係は冷えるばかりだった。また、老齢のうえ少数党を率いていくことに限界を感じていた犬養も、政友会に革新倶楽部を合同させ、自らは逓信相と衆議院議員の両方を辞職して政界から去ってしまった。こうして、三派協調体制は崩壊し、加藤改造内閣は憲政会単独内閣となった。

加藤改造内閣の成立から間もなく、加藤首相は病気で急逝し、政権は同じ憲政会の若槻礼次郎に引き継がれた。明治憲法下においては、元老が天皇に適任者を首相候補として奏薦し、天皇が首相を決定した。その際、衆議院での多数派の支持の有無は関係ないが、「憲政常道論」、すなわち、ある内閣が崩壊したとき、衆議院における野党第一党に政権の座を引き渡すべきとの筋論が、ある時期から元老によって考慮されるようになった。

ただし、内閣崩壊の原因が失政によらない場合はその例外とした。したがって、死亡が原因の加藤の後継内閣については「憲政常道論」によらず、同一政党に政権が引き継がれたわけだが、若槻内閣は台湾銀行救済のための緊急勅令案が枢密院で否決されたため、一九二七年四月に総辞職し、そのあとは、政権は野党の政友会に渡り、田中義一が総理大臣となった。この内閣では、すでに政友本党から政友会に復帰していた鳩山が内閣書記官長となり、前田は法制局長官となった。また、戦後は鳩山のライバルとなる吉田茂は、それまでに奉天総領事などを経て外務次官となっていた。

この田中内閣も、やがて日本の軍人が関与した張作霖爆殺事件の関係者処分に関して田中が天皇から叱責されたことがきっかけとなり、一九二九（昭和四）年七月に総辞職したので、そのあとは、政友会の反対党である民政党総裁の浜口雄幸に組閣の大命が下った。民政党という政党は、憲政会と政友本党が合同して二七年六月に結成された。それまでの政局は勢力の拮抗する三党の分立状況の中で、政（政友会）・本（政友本党）提携、あるいは憲（憲政会）・本提携と動揺していた。そして、二六年二月に岡崎邦輔の工作が奏功して、すでに政友本党を脱党して同交会と称する会派を結成していた鳩山など二五名が政友会に復帰するが、このときの政友本党残留組が憲政会と合同して民政党が出来たのである。ちなみに、後述するように、鳩山はこのかなり後、四一年に東条内閣のもとで政府寄りの翼賛議員同盟に対抗する自由主義的な会派を結成するが、それもまた「同交会」と称した。

余談になるが、鳩山の政友党復党に際しては、その将来を見込んだ岡崎が、政友会側から星島二郎、安藤正純、森恪など一〇数名を鳩山につけ、このうち数名は戦後まで鳩山派となった。なお、復党した鳩山は、前田のあとをうけて、政友会幹事長に就任している。これに対しては、相当根強い反対があり、混乱を傍観していた前田と当事者の鳩山はこの一件を機に対立関係になっていったという（木舎幾三郎『政界五十年の舞台裏』＝木舎①）。

わが国初の普通選挙となった一九二八年二月の第一六回総選挙では、政友会と民政党の二大政党対立となったが、政友会の当選者二一七議席に対して、民政党は二一六議席と伯仲した。そこで、民政党内で孤立していた床次は、あわよくば、第三党を結成してキャスティング・ボートを握ることが出来ると考え、総選挙後には対中国政策の相違を口実に民政党から抜けて新党倶楽部を結成した。ただし、床次の目論見ははずれて脱党者は二五名にとどまり、そのままでは政権への展望がひらけないため、二九年九月には新党倶楽部を解散して政友会に戻った。田中総裁を支持して次のチャンスを待つためであった。床次一派の政友会復帰で、与党民政党は一七二議席に減少し、野党政友会の二三九議席を大幅に下回ることになった。

2　親軍派に乗っ取られた政友会

親軍派の台頭を促した満州事変

政友会においては、田中総裁が狭心症で一九二九（昭和四）年九月に急逝すると、犬養毅が後継総裁に担ぎ出されることになった。実は、犬養は政界を一旦は引退したものの、彼の議員辞職にともなう補欠選挙が岡山の選挙区で行われると、地元の熱狂的な支持者は、犬養を勝手に再選させてしまった。このときの犬養の支持者の態度が面白い。支持者たちにしてみれば、第一回総選挙から「犬養毅」としか書いたことがない。しかも、彼らにとって犬養は「国宝級」の人物なのである。そこで、犬養には内緒で選挙を行う段取りにしたが、手続きのうえで本人の選挙承認書が必要となった。しかし承認書には判がいる。そこで仕方がないから、偽判を作って総代十数人が連れ立って犬養を訪れ、「『せめて偽印を先生の眼の前で捺させて下さい。これは偽印だといって先生が承知せられんということになると、吾々は仕方がないから監獄へ行きます』といっておどかした。これには犬養も大弱りに弱り、それほどにいうならというのでとうとうそのままになってしまい、犬養はまた議員に選挙されたが、行く処がないから政友会に入ろうということになって政友会に留った」（古島前掲書）わけである。

支持者の熱意にほだされた犬養は、議員に復帰することは承諾したが、信州富士見に引きこもって事実上の引退生活をおくっていた。ところが、田中亡き後、政友会内では田中内閣の内務大臣で、鳩山の義兄（姉の夫）でもある鈴木喜三郎を担ぐ少壮中堅組と、民政党から復帰した床次を担ぐ長老組とが争っており、どちらになっても党の分裂は免れないので、犬養が暫定的に引っ張り出されることになったのである。また政友会の幹部には、田中総裁によって失墜した同党の信頼回復のため、かつて「憲政の神様」と呼ばれた犬養の声望を利用しようとする思惑もあった。

信頼回復といえば、この頃、政党は相次いで不祥事を起こし、また、政友会と民政党は泥仕合を繰り返して国民の信頼を損ねていた。たとえば、憲政会の箕浦勝人（みのうらかつんど）らが起訴された大阪松島遊郭疑獄、田中政友会総裁の陸軍機密費問題、田中内閣の小川平吉鉄道大臣をめぐる贈収賄事件である五私鉄疑獄、あるいは叙勲に関する収賄事件である売勲疑獄など、いずれも政党政治家の関係する疑獄事件が発生し、政党不信に拍車をかけた。

犬養が政友会総裁に推戴されたのは、浜口内閣の時期であったが、一九三〇年一一月浜口首相は右翼青年・佐郷屋留雄のテロで重傷を負い、それがもとで同内閣で三一年四月に総辞職する。この後、後継首相に就任したのは民政党の若槻礼次郎（第二次若槻内閣）で、同内閣が成立してから約五ヵ月後の同年九月に満州事変が勃発する。関東軍参謀の石原莞爾や板垣征四郎ら一部軍人によって強引に引き起こされたこの戦争に関して、協調外交で知られる幣原喜重郎を外務大臣にすえた若槻内閣は、軍部のやり方には反対であったものの、軍部を抑制する力に欠けていた。また、満州事変の起きた三一年は、満蒙問題への政府の対応を不満とする軍人たちによるクーデター未遂事件（三月事件と十月事件）があった年でもあった。こうした軍人の不穏な空気を察知した内務大臣の安達謙蔵は、挙国連立内閣をつくるべきであるとして、野党政友会の久原房之助幹事長と緊密な連絡をとりつつ、いわゆる協力内閣運動を展開したが、政友会とは財政、外交のいずれにおいても政策的な開きが大きいことから、井上準之助蔵相や幣原外相の強い反対にあって、同内閣は閣内不統一を理由に総辞職してしまった。

この協力内閣運動については、政友会と民政党が連立して軍部を抑えていこうとしたものとの見方と、満州事変を機会に軍部と提携して強力な内閣を作っていこうとしたものとの見方と、二つの相反する評価がある。昭和史の各方面で先駆的な研究を残している伊藤隆氏は、「このときに動いていた人々の中にはこの双方の考えがあったのだと考える以外にはない」（伊藤隆『昭和期の政治〔続〕』）と述べているが、安達自身は後に民政党を脱党して初の親軍派政党である国民同盟を一九三二年一二月に結成している。

こうして若槻に代わって、すでに満七六歳の老齢に達していた政友会総裁の犬養に組閣の大命が下ったわけである。犬養が首相の座に就いた時期、政友会は少数与党だった。それは、浜口首相のもとで、一九三〇年二月に行われた第一七回総選挙では、民政党は二七三名の当選者を出し、政友会は一七四名の当選にとどまったからである。したがって、久原はしきりに安達の入閣と挙国一致連立内閣を主張したが、犬養はこれを拒否して、三一年一二月に政友会単独内閣を組織すると、翌月には衆議院を解散し、「景気か不景気か」とのスローガンのもとに第一八回総選挙を戦った。そして、政友会は定数四六六議席中三〇一名という歴史的大勝利を占めたが、やはり暴走する軍部を抑えることは容易ではなかった。実は、この総選挙のわずか五ヵ月前に、民政党が与党の第二次若槻礼次郎内閣のもとで行われた府県会議員選挙では、民政党は政友会に大差で勝っている。そして、ちょうど同じ月に満州事変が勃発し、続いて同事変との関連で三二年一月に上海事変がおこっている。当時の選挙を分析した山室建徳氏は、政友会の総選挙での大勝原因を政策の差から説明するのではなく、上海事変勃発の時点で戦争を遂行している政府の与党であった政友会に投票するのが有権者としては自然にみえたのではないかとの見方を示し、「満州事変や上海事変への国民の熱烈な支持に拠るところが大きい」（山室建徳編『大日本帝国の崩壊』）と考察しているが、だとすれば、折角の議会での多数派確立も戦争の行方に熱狂する世論と軍部の前にはあまり意味をもたなかったのかもしれない。しかも、所詮は党内に基盤をもたない総裁だけに、政友会や内閣のなかでも犬養は孤立を深めていった。

こうしたなか、三二年五月一五日、海軍青年将校と陸軍士官学校生徒、それに民間人グループによる大規模なテロ事件（五・一五事件）によって犬養首相は落命し、主を失った内閣は事件の翌日に総辞職した。ちなみに、五・一五事件裁判（軍法会議）被告に対しては、減刑嘆願運動がおこり、集まった嘆願書は百万通を超えたという。憲政の功労者の死を悼むよりも、テロ行為の加害者の心情に共鳴する国民が少なからず存在した事実は、その後の急速な政党の凋落を暗示しているといえよう。

ところで、政友会幹事長として犬養を総裁に擁立する交渉にかかわり、しかも、内閣書記官長として犬養首相を支えるべき立場の森恪（つとむ）は、次第に軍部に接近するようになり、犬養には敵意さえ抱くようになっていた。この森という人物は、三井物産の社員から代議士に転じ、田中内閣では外務政務次官として大陸政策の基本方針を検討する東方会議を事実上主宰する辣腕少壮政治家であったが、満蒙問題でも犬養とは意見を異にしており、犬養が組閣後に中国に送り秘密裏に交渉にあたらせた腹心萱野長知からの電報を握りつぶし、満州事変解決のチャンスをつぶしてしまった。こうしたことから、事件の直後、「主人に当る犬養を暗殺させたという風評が立った」（阿部真之助『近代政治家評伝』）というから穏やかでない。

森と犬養の関係が次第に悪化していったのとは対照的に、森の盟友である鳩山と犬養は最期まで懇ろだった。それは、犬養には彼の次男で白樺派の作家の健を、輸入候補として鳩山と同じ東京第二区から抱えて当選させてもらった恩義があるからであった。健は第一七回と第一八回総選挙で東京第二区から当選し、父の死後は父の選挙区である岡山第二区に転じて当選している。もっとも、健と鳩山との関係はその後なぜかきわめて険悪になってしまい、鳩山は健のことを大変嫌った。そのため、戦後鳩山が日本自由党を結成した際には、健はその参加を見合わせたほどであった。

政友会を素通りする政権

犬養首相の急死によって、政友会内は再び大きく動揺したが、後継総裁をめぐっての鈴木と床次の争いは、最終段階では長老の岡崎や望月圭介が床次を説得し辞退させたことで決着をみた。しかし、五月二〇日政友会総裁に就任した鈴木喜三郎に政権はめぐってはこなかった。五・一五事件後の非常時において元老西園寺公望が選んだ後継首班は、海軍大臣や朝鮮総督を務めた海軍大将斎藤実（まこと）であった。護憲三派内閣以来約八年間続いた政党内閣の時代は、ここで終焉を迎えることになるが、政党、特に政友会も軍部に同調する親軍派と、これに対立する議会政治擁護派とのあいだの相克が深まって衰退期に入った。

事件の直後、軍部や森恪は国本社という国家主義団体を主宰する枢密院副議長の平沼騏一郎を担ごうとしていた。いっぽう、元老の西園寺は当初は鈴木を推し、政党政治を続けるつもりだったという。しかし、天皇からは「ファッショに近きものは絶対不可」との条件が示されながらも、必ずしも政党政治にはこだわらないとの意向も示唆されていたことから、政党内閣の継続を拒む軍部の動向も勘案して海軍穏健派軍人の斎藤が選ばれたわけである。この内閣には政友会から鳩山（文相）、三土忠造（鉄相）、高橋（蔵相）が、また、民政党からは永井柳太郎（拓務相）、山本達雄（内相）が入閣した。斎藤内閣はこのように大蔵や内務といった重要ポストを政党に配分するなど、将来の政党政治復活へ含みを残していたが、帝人事件という帝国人絹会社の株式売買をめぐる疑獄事件によって総辞職を余儀なくされた。

そして、後継内閣首班の大命は再び政友会を素通りして、一九三四（昭和九）年七月四日、田中、斎藤の両内閣で海相を務めた岡田啓介海軍大将に降下した。前年三月にわが国は国際連盟の日本軍満州撤退勧告案に反発して、連盟からの脱退を通告するなど、内外の情勢が緊迫するなかで、政党への政権移譲は困難な状況にあったとはいえ、またも政権に素通りされた政友会は強く反発した。岡田から協力を要請された民政党は支持を表明したが、組閣方針が政党軽視とみた政友会は協力を拒絶した。このため、政友会から入閣した床次（逓相）、山崎達之輔（農相）、内田信也（鉄相）の三名は党を除名され、後に病気で辞任した藤井真信蔵相の後任となった高橋是清も政友会から「離別」を宣告された。「除名」でなく「離別」というのは、高橋本人はとっくに政友会を離党しているという認識だったからである。

政友会の協力を得られなかった岡田内閣は、内閣を補強するために、重要国策の諮問機関としての内閣審議会を設置した。そして委員には長老政治家を取り込み、政友会からは望月、水野錬太郎（貴族院議員）を任命したが、政友会は政府、議会以外に国策審議の場をつくることに反対し、両名を除名した。「政権亡者」などといわれながらも政界遍歴を繰り返した床次竹二郎は、一九三五年九月に没したが、政友会除名組の山崎、内田、望月ら一八名は、同年一二月に昭和会を結成した。同会は翌年一月の議会解散の時点では、さらに脱党者が加わって二四名になったが、二月の第一九回総選挙では当選者二〇名にとどまった。以後、広田弘毅、林銑十郎内閣の与党となったが、三七名五月に解散し、その多くは後述の政友会中島知久平派に復帰した。

さて、岡田内閣は、一九三六年二月二六日、国家社会主義者の北一輝（事件直前の第一九回総選挙で初当選した衆議院議員北昤吉の兄）の思想的影響をうけた皇道派の一部青年将校が、約一四〇〇名の兵を率いて首相官邸や警視庁などを襲ったクーデタ、二・二六事件のために総辞職した。軍人たちの襲撃で、前首相の斎藤実（内大臣）と高橋是清（蔵相）、陸軍教育総監の渡辺錠太郎が殺害され、岡田首相も一時は殺害されたと信じられていたが、実際は義弟で秘書官の松尾伝蔵大佐が人違いで射殺された。現在であれば、首相の顔を見誤ることなどまず考えられないが、テレビのない時代の悲劇といえよう。

余談だが、このとき安藤輝三大尉の率いる反乱部隊に襲撃された鈴木貫太郎侍従長は、ピストルで連射され四発が命中した。鈴木夫人が懇願したため、とどめはさされなかったが、生きているのが不思議なほどの瀕死の重傷であった。それでも奇跡的に回復し、大東亜戦争末期に首相となって、そのたくみな腹芸で徹底抗戦派の抵抗をかわし、終戦に持ち込んだ。もし反乱軍にとどめをさされていたら、日本の運命は変わっていたかもしれない。

親軍派の二大巨頭

二・二六事件では、政友会の元幹事長久原房之助が反乱幇助容疑で身柄を憲兵隊に拘束された。久原は事件に連座して無期禁錮となった民間人の亀川哲也を通じて反乱の資金援助をしたとして、反乱幇助の容疑をかけられたわけである。政治浪人の亀川は当時情報屋のようなことをしており、久原が政界情報の対価として与えた金が反乱軍に渡ったために関係を疑われた。結局、久原は証拠不十分で軍法会議では不起訴処分となったものの、事件後久原邸に転がり込んできた亀川を匿った嫌疑で東京地方裁判所の公判に付された。しかし、これも一九三八（昭和一三）年五月には証拠不十分で無罪となった。

久原は長州萩の出身で、叔父藤田伝三郎は財閥藤田組の創始者となった人物である。慶應義塾を出て、森村組、藤田組勤務ののち茨城の赤沢銅山を買収し、日立鉱山を開業、さらに、一九一二（大正元）年には久原鉱業株式会社を設立し、二〇年に日立製作所を分離独立させた。こうした資金力をもって、二八年には山口第二区から衆議院議員に初当選し、久原が政治資金を提供していた同郷の田中義一の内閣が誕生すると、一年生議員でありながら逓信大臣となった。このとき、田中を政界に引っ張った小泉策太郎は、久原の入閣に憤慨して政友会を脱党した。さらに久原は、三一年三月から翌年三月まで政友会幹事長を務め、五・一五事件の頃から一派閥の長として頭角をあらわした。

ところで、二・二六事件の六日前、つまり、一九三六年二月二〇日には第一九回総選挙が施行された。この選挙では、民政党の当選者二〇五名に対して、政友会は一七四名と惨敗を喫し、鈴木総裁まで神奈川第二区で落選するという低迷ぶりであった。二・二六事件後に軍部の強い干渉の結果成立した広田弘毅内閣には、政友会から島田俊雄（農相）と前田米蔵（鉄相）が、また、民政党からは二人が入閣した。島田と前田は反鈴木の中島知久平派に属しており、次第に鳩山や松野ら主流の鈴木派との間での反目が表面化してきた。久原が二・二六事件に連座して一時後退したあとは、鈴木に代わり鳩山が鈴木派を率いて頭角をあらわしてきたが、そのいっぽうで、中島派は軍部との協調のもとに党内に影響力を拡大していた。

この反鈴木の総帥中島知久平は、元は海軍の軍人で海軍在職中に飛行機研究のためアメリカ、フランスに留学し、帰国後は横須賀海軍工廠内飛行機工場長を経て退役し、中島飛行機製作所（のち富士重工業）を設立した。満州事変以来飛行機の生産が急増したため、莫大な利益を上げ、その資金力を背景に政界へも進出した。そして、一九三〇年より衆議院議員に、次いで犬養内閣では商工政務次官となった。

そもそも、最初に中島を政友会に紹介したのは鳩山で、彼を商工政務次官に抜擢したのも、鳩山と森であったという。このあたりの経緯について、鳩山の側近であった大野伴睦は、回想録で次のように述べている。

「昭和六年に中島飛行機製作所の中島知久平君が、軍需産業から生まれる豊富な資力を背景に政界に進出してきた。当時、政友会幹事長の森恪氏と鳩山先生は、この中島君を商工大臣前田米蔵氏のもとで、政務次官にした。前田氏といえば稀代の政界寝業師。必ずや政治資金の豊かな中島君を中心にして、党内に一派をつくること疑いない。この人事、将来に悔いを残すこと必至と判断した私は、森恪、鳩山両氏に会って前田氏のもとに中島君をおいてはいけないと説いた。しかし、森恪君は『そんな心配はない』と一笑に付すだけ。鳩山先生も本気になって考えてくれない。はたして前田氏は大臣の身でありながら、用件があると中島君の部屋に出かけ『中島君、この問題はどう処理したら良いだろう。』と、おだてはじめた。そのあげく、中島君を擁立して鳩山先生と政友会の総裁を争う大騒動にまで、持ち込んでしまった」（大野伴睦『大野伴睦回想録』＝大野①）。

はたして、大野の心配したとおり、やがて中島はその資金力にものをいわせて一派をなし、第一九回総選挙で落選して党内に威令の届かなくなっていた鈴木総裁（無官でいるわけにもいかず、一九三六年四月貴族院議員に勅撰された）に辞職を迫った。そこで、一九三七年二月に開かれた政友会議員総会では、鈴木総裁が辞意を表明するとともに、鳩山、前田、島田、中島の四名を総裁代行委員として、当面は集団指導体制によって党運営にあたることを決定した。鳩山派一名に対して中島派三名である。

鳩山一郎の誤算

当時、政友会の領袖のなかでもっとも自由主義的とみられていた鳩山は、軍部や右翼方面からの反発が強かったので、時勢に敏感なものは鳩山から離れていき、情勢は日を追って鳩山に不利になっていった。こうしたなかで、二・二六事件の容疑が晴れて政界に復帰した久原が接近してきた。かつては、鳩山とは対立関係にあった久原だが、一九三八（昭和一三）年一一月二九日、東京音羽の鳩山邸を突如訪問して鳩山総裁擁立への支援を申し入れた。しかし、久原の支持にもかかわらず、鳩山の頽勢は止めることができなかった。

そこで、鳩山は周囲から説得されて総裁候補から辞退し、鳩山派は久原擁立に変わった。このときの様子は河野一郎の自伝に詳しい。河野によれば「（鳩山派は）次第に中島派に買収されて先細るばかりである。そこで、『このままじゃどうしても勝てない。これは中立でどっちにも加担せずに傍観している金持ちの久原房之助、三土忠造一派を味方にひきいれようじゃないか。場合によれば鳩山先生におりてもらっても仕方がない。その手初めに久原を総裁にして、次に鳩山を……というお膳立てで、鳩山と久原の間の話をつけようじゃないか』と深沢君（豊太郎—筆者注）と私が話合い、久原邸を二人が訪ねた」という。その日は夜を徹して久原の説得にあたると、久原は「よく分った。それじゃ総裁はしばらくの間私が預ろう。総裁選挙で私が勝ったら、自分はすぐ辞めて鳩山君に譲る」と承諾した。

　翌朝、鳩山のもとを訪れた二人は、「『このままじゃ鳩山さん、先生の負けです。負けたんじゃしょうがないから、この際、あんたはしばらく久原さんに席を譲ってもらえないでしょうか。久原さんはなんといっても田中義一先生と兄弟分だし、鳩山さん、あんたも田中先生の知遇を得て今日になられたのだから、ここのところは久原さんにまかせて、話が落ち着いてから久原さんを引退させる、それから鳩山総裁というのがいちばんの得策と思うんですが…』二時間あまりも懇談した結果、遂に鳩山さんもさすがに折れて、『それじゃ、河野君、深沢君、君たち二人に任せよう』と納得してくれた。そこで、鳩山先生もいっしょに久原さんの家に赴き、『総裁候補を辞退する』旨を伝え、久原総裁擁立派に変わった。こうしたことが、結果的には鳩山派の他の諸君の怒りを買い、大野、林譲二（ママ）君らが久原陣営から離れるようになった」という（河野一郎『河野一郎自伝』）。

　政党政治を守ろうとする議会主義者の鳩山から一国一党論の久原へと、いとも簡単に交代したものだが、おそらく、事態が沈静化したら久原から鳩山に総裁を交代するような黙契があったのだろう。しかし、河野のこの回想からは、これ以上のことはわからない。ただ河野もこの交代劇について、「私がひそかに反省するのは、このとき久原房之助を総裁に推挙した結果、日本の政党が終焉したという事実である」と告白している（河野前掲書）。議会主義を守ろうという側には、もう一方の踏ん張りがなかった。

ところで、久原がかつて政友会幹事長として若槻内閣の下で安達内相と連絡をとりつつ協力内閣運動をすすめたことはすでに述べたが、その政治観についてはあるところに次のように記している。

「この時局（若槻内閣下の―筆者注）を匡救するには、表面の現象を追うのみではいけない。よろしく弊害の由って生ずる根拠を芟除すべきである。それには根本の思想そのものが間違っているのだから、まずこの思想を改めなくてはならぬ。そこで二大政党の政権争奪を建前とするいわゆる憲政常道論なるものにまずとどめを刺し、デモクラシズムそのものを排除すべきであると考えて、協力内閣運動を起こしたのである」（伝記編纂会編『久原房之助』）。

この「世界維新と皇国の使命」と題する論文がいつ書かれたものかは明らかではないが、ここからは競合的な複数政党制を前提とした政党政治否定の論理が読み取れる。言うまでもないが、久原らの一国一党論は議会主義的な政党政治ではない。それはむしろドイツのナチス党やソ連共産党に近いものといってよいだろう。

話を政友会に戻すと、代行委員制で当面を糊塗しつづけてきた同党は、第七四議会終了後の一九三九年四月、ついに分裂することになった。同月三〇日、政友会中島派は臨時党大会の開催を強行し、中島を総裁に推戴した。これに対して、鳩山・久原派は、鈴木総裁を動かして、四月二八日に四代行委員を罷免し、あらたに、久原、三土、芳沢謙吉（犬養内閣の外相で犬養の女婿）の三名を代行委員に任命した。そして、中島派の党大会を無効とした。さらに、五月二〇日に臨時大会を開いて鈴木総裁指名の形で久原を総裁に推し、ここに政友会は分裂した。また、どちらにも加わらなかった者は、元衆議院副議長の金光庸夫を指導者とする中立派に集まった。なお、中島派は政友会革新派、鳩山・久原派は政友会正統派と呼ばれることになり、前者は九八名、後者は七〇名、中立派は一二名であった。

3　思惑の錯綜する近衛新党

「新党運動」と鳩山一郎

二・二六事件のあとに誕生した広田弘毅内閣は、組閣の段階から軍部の強い干渉をうけ、吉田茂（外相候補）、小原直（法相候補）、下村宏（拓相候補）の三名が入閣を辞退した。このうち、戦後に総理大臣となる吉田が排除されたのは、自由主義的な牧野伸顕元内大臣（大久保利通の次男）の女婿という理由であったが、ここで忌避されたことで、吉田は戦後に活躍の場を得ることができたともいえる。また、民政党の川崎卓吉は当初内相候補であったが、これも軍部の横槍で商工相に移った（すぐ病没）。

これまで軍部の組閣への介入は、軍部大臣の選任に限られていたので、他の大臣にまで干渉が及んだのは、軍部の影響力拡大を象徴的に示す出来事だった。結局、政友会からは前述のように島田（農相）と前田（鉄相）が、民政党からは頼母木桂吉（逓相）と小川郷太郎（川崎卓吉病没後の商工相）が入閣した。なお、広田内閣は陸軍の要求で、かつて政友会が与党であった第一次山本権兵衛内閣のもとで廃止された軍部大臣現役武官制の復活も、あっさりと容認してしまった。この制度により軍部に不都合な内閣には軍部大臣を送らずにその成立を阻止したり、逆に軍部大臣を引き上げて内閣を倒壊させるなど、後述の統帥権独立という観念とともに、軍部が内閣をコントロールする強力な手がかりとなった。

この年、一九三六（昭和一一）年の暮れ、中島知久平と民政党の永井柳太郎が中心となって「新党運動」に関する会合がもたれた。場所は東京荻窪の有馬頼寧（旧久留米藩主の長男で岩倉具視の外孫、貴族院議員、伯爵）の自宅、集まったのは中島、永井のほかに前述した昭和会の山崎達之輔、陸軍からは林銑十郎、海軍から安保清種、官界から後藤文夫、司法界から小原直、財界から結城豊太郎、それに政友会の前田であった。政界再編をめざす新党運動については、その後、近衛文麿擁立を目標として本格化するが、これが「新党計画への第一幕」であったという（有竹修二『前田米蔵伝』、有馬頼寧『政界道中記』）。

中島と前田、鳩山の関係は前述したが、評論家の木舎幾三郎によれば、広田内閣のころまで中島は近衛を盟主とする新党運動に鳩山の協力を期待していたらしい。前田と中島が「鳩山さんを訪ね、天下の大勢を説き、新党協力を求めたらしいが、鳩山さんは頑としておうじなかったので、とうとう、軽井沢に近衛さんを訪ねることになったんだと云うことだ。この三者会議なるものが、大きく中島氏を右転回させて、前田・中島の握手が出来たのではないかと思っている。もっともその間に、従来、鳩山さんと親しかった船田中、太田正孝などという人たちが、鳩山さんに見切りをつけて、中島氏の許に馳せ参じて『国政研究会』というグループをつくったことなども、中島氏の心境変化を大きく左右したことは確かであろう」（木舎幾三郎『政界の裏街道を往く』＝木舎②）という。

ところで、この頃に鳩山は『中央公論』（一九三六年一月号）に「自由主義者の手紙」と題する一文を記しているが、そのなかで「憲法を停止でもすれば格別、明治大帝のお定めになった憲法をレールとなし、議会政治の様式を捨てない以上、政党の存在を否定し去ることは出来ない。政党を否定し去ることが出来ぬ以上、選挙を経て即ち民意を代表して出て来た者、代議士が政治の中心をなすべき筈のものである。官僚でも軍人でも、いやしくも政治をやろうとする程の者は、宜しく選挙の洗礼を受け苦難を味わい、民衆と結びついた精神的資格を先ず獲得すべきである」と、明快に議会主義と政党政治を主張している。

ところが、親軍的な新党運動には一線を画する鳩山も、実は政党政治家としては古傷がある。それは、一九三〇年四月二五日、衆議院本会議においてロンドン海軍軍縮条約の調印に関して、憲法第一一条の統帥権を楯にとって犬養とともに浜口雄幸内閣を攻撃したことである。鳩山は、天皇の統帥大権を輔弼（補佐）する海軍軍令部長加藤寛治の反対を押し切って国防計画を変更した（つまり軍縮条約を調印した）ことについて、次のように批判した。

「統帥権の作用について直接の機関が茲に在るに拘らず、其意見を蹂躙して、輔弼の責任の無い、輔弼の機関でもないものが飛出して来て、之を変更したと云うことは、全く乱暴であると謂わなくてはならぬ」（『衆議院議事速記録54』）

これが、いわゆる統帥権干犯問題の始まりである。常備兵額の決定（憲法一二条の編成大権）は内閣の輔弼事項であるとされてはいたが、軍部内には統帥権の作用は軍の編成にも及ぶとして、軍令機関（統帥権の輔弼機関）の承認なしに編成、常備兵額を決定することは統帥権の干犯になるとする意見が根強かった。

政党が国民の負託をうけて内閣を組織する責任内閣制にあって、内閣の国防に関する責任と役割を否定するこうした軍部などの主張に鳩山ら政党人が乗じたことは、政党政治と責任内閣制を破壊するものといえるが、鳩山の総合的な評価はひとまず措くとしよう。戦後に厚生大臣などを務めた川崎秀二（川崎克の子息）は、その著書のなかで、五・一五事件は鳩山の「自由主義者の本領が目を覚ました最初」（川崎秀二『勇気ある政治家たち』）と書いている。鳩山と犬養の良好な関係から考えて、三二年に起きた五・一五事件は鳩山の政治姿勢に大きな影響を与えるほどの衝撃であったのだろう。

政党政治家たちの反骨

政党政治家のすべてが軍部の言いなりになっていたわけではない。二・二六事件のあと、一九三六（昭和一一）年五月七日、第六九特別議会では、民政党の斎藤隆夫が「粛軍演説」と呼ばれる演説で、軍人の政治不関与の原則を糾した。雄弁家として知られる斎藤は、背が低いため「ねずみの殿様」とあだ名がつけられていたが、その迫力ある弁舌ぶりで大論陣をはった。

また、第七〇議会の開会中、一九三七年一月二一日、政友会の浜田国松は、質問演説のなかで軍部の政治進出を批判したとして、寺内寿一陸相とのあいだでいわゆる「腹切り問答」が行われた。浜田はそれまでに連続当選八回を数え、衆議院議長も経験した大ベテランである。いっぽうの寺内は寺内正毅元首相の長男で、浜田よりはひとまわり若い。その寺内が老政客の浜田の質問に対し、「国民一致の精神を害するから御忠告申し上げる」と言ったものだから、浜田はこれをとらえて「私は年下のあなたに忠告を受けるようなことはしない積りである」と噛みついた。そして、寺内は浜田の発言が軍を侮辱したといい、浜田は決して軍を侮辱していない、速記録を調べてもしそのような発言があれば、割腹して詫びる、もしなければ君が割腹せよと寺内に迫った。

後世の我々は、どうもこの「武士」を連想させる浜田の激しいやり取りの方に眼が奪われがちだが、浜田がこの演説のなかで政党政治の真髄を説いていることにこそ注目すべきだろう。すなわち、「政党というものは対立に意義がある。国民に付いて意見を異にする場合に、政治の責任をお互いに追及する所に、摩擦と相克の間に真理の発見と妥当なる政策の産み出しがあるのである」(『衆議院議事速記録』)と述べて一国一党論を批判した。その後の翼賛体制推進派と批判派とのひとつの分岐点がここに示されている。

この有名な演説の舞台となった第七〇議会は、実は現在の国会議事堂が完成して初めての議会でもあった。一九二〇(大正九)年一月着工以来、一七年もの歳月をかけて建設された新議事堂は、三六年一一月ようやく完成し、お披露目の場となった初めての議会で「腹切り問答」というのは、その後の議会政治の行く末を暗示しているようである。結局、寺内は政党懲罰のために広田首相に解散を要求し、政党出身官僚がこれに反対したため、両者の板ばさみにあった内閣は総辞職することになった。

広田のあとに組閣の大命はいったん宇垣一成に降下した。宇垣は清浦、第一次・二次加藤、第一次若槻、浜口の各内閣で陸軍大臣を務め、このうち加藤内閣では四個師団を廃止するなど、思い切った軍縮と装備の近代化をすすめた陸軍屈指の実力者として知られている。元老西園寺も軍部を抑える切り札として宇垣を起用したわけである。しかし、対ソ戦準備に干渉されることを恐れた石原莞爾参謀本部戦争指導課長ら陸軍中堅層から忌避されて、ついに陸軍大臣の適任者を得られずに組閣を断念した。広田内閣で復活した軍部大臣現役武官制が、さっそく威力を発揮したわけだが、もともと宇垣は陸軍省軍事課長の時代に、第一次山本権兵衛内閣の下でこの制度が廃止されるのを、「怪文書」まで配って強硬に反対した人物だったのだから、皮肉な話ではある。

宇垣の親戚筋にあたる川崎克の子息秀二によれば、秀二に母が組閣断念の日に宇垣を見舞いに行くと、「宇垣は奥の間でフトンをかぶって寝ていたが、母を招きいれて、『お康さん、おれは口惜しいよ。陛下と国民に申しわけない』といって、強気の宇垣が号泣したという話を子供心にきいた」（川崎前掲書）という。その後も宇垣待望論はしばしば登場し、一九五三年四月の参議員議員選挙全国区で最高点当選するなど、その人気は戦後にいたっても消えなかった。

宇垣内閣が流産したあと、斎藤、岡田両内閣で陸軍大臣であった林銑十郎に大命が降下し、一九三七年二月二日に林内閣が成立した。前述のように、前年暮れ有馬頼寧邸に集まって近衛新党結成を協議した、いわゆる「荻窪会議」のメンバーからは、首相となった林のほかに、中島と永井が入閣を求められたが、党籍離脱が条件とされていたため、両名はこれを断り、昭和会の山崎達之輔が一人だけ入閣した。また、結城は大蔵大臣に就任した。こうした事実からすると、「荻窪会議」は林への大命降下を予想していたと考えても不思議ではない。恐らく近衛新党と、陸軍に忠実な林内閣が表裏一体となって国政に臨むという陸軍の思惑が窺える。陸軍のロボットにはならないと言っていた林だが、実際には完全に陸軍の意向に左右された。いっぽう、近衛はこの時点では新党計画にまだ乗ってはこなかった。

林内閣は政務官（政務次官と参与官）を任命しないなど政党とは敵対的で、予算が通過したのちに政党に反省を促すためと称して突如衆議院を解散した。この「食い逃げ解散」と呼ばれる仕打ちに怒った政党は、林内閣打倒を掲げて第二〇回総選挙を戦った。その結果、民政党一八〇名、政友会一七四名、社会大衆党三七名で、民政党が解散前よりやや減ったものの、政友会はほぼ現状維持で、政友会・民政党といった既成政党の底力をみせつけた。林内閣は選挙後も居座りを決め込んだが、政民両党は結束して倒閣運動をすすめたため、五月三一日総辞職した。

貴族政治家近衛文麿の登場

林のあと組閣の大命を拝したのは、大臣経験のまったくない近衛文麿貴族院議長だった。近衛には、二・二六事件で岡田内閣が総辞職したあと、一度組閣の大命が降下している。このとき、近衛は西園寺の熱心な説得にもかかわらず固持しつづけ、ついには、健康がこの大任に耐えないことを理由に大命を拝辞した。しかし、今度は西園寺の強い希望や友人の木戸幸一（木戸孝允の孫）の説得もあって承知したという。五摂家筆頭という公家最高位の家柄に生まれた近衛は、四五歳という若さ、長身の貴公子という清新な印象が国民に大きな人気を呼んだ。また現状打破を志向する「革新」的気分を有する近衛を、軍部もまた歓迎した。いっぽう、政党については前内閣ほど冷淡でないにしても、民政党の永井柳太郎（逓相）と政友会の中島知久平（鉄相）の二名が入閣しただけで、しかも、この二人は新党運動をめざす親軍派政治家の代表格であり、党を代表してではなく個人的資格で入閣したものであった。ただ、近衛は前内閣で中止した政務官の採用を復活し、そのすべてを衆議院議員から採用するなど、多少は政党への配慮も見せた。

近衛内閣発足から一ヵ月後の一九三七（昭和一二）年七月七日、中国北京郊外の盧溝橋で突如日中両軍による軍事衝突が起こった（盧溝橋事件）。日中戦争（支那事変）の始まりである。戦火はやがて上海に飛び火し、次第に全面戦争の様相を呈していくなかで、帝国議会は挙国一致の名の下に政府に協力的になっていった。たとえば、斎藤内閣から林内閣の期間にあたる第六二臨時議会から第七〇通常議会までに政府が提出した法律案は三七七件（第六八議会は途中で解散したので、その分は含まない）で、このうち成立したものは二七一件、成立率にすれば七一・九％となるが（林内閣は一三四件のうち五一件を撤回したので、これを除けば成立率は八三・一％）、第一次近衛内閣から終戦時の鈴木貫太郎内閣までの第七一特別議会から第八七臨時議会までは、政府提出法案七〇〇件でこのうち成立したのは六九七件、成立率にすれば九九・六％にも達する。なんと、近衛内閣誕生後は、政府提出法案で成立しなかったものは僅か三件に過ぎないのである（『議会制度百年史　帝国議会史　下巻』より集計）。

さらに、第一次近衛内閣のもとで、議会の立法権を脅かすことになったのが、第七三通常議会で成立した国家総動員法である。同法は本則五〇ヵ条および附則四項からなり、「戦時（戦争に準ずべき事変の場合を含む）に際し、国防目的達成のため、国の全力を最も有効に発揮せしむるよう人的及び物的資源を統制運用する」ことを目的に、国民の徴用、労働条件、労働争議の予防と解決、総動員物資の生産・修理・配給・処分・使用・消費・所持・移動についての制限や禁止、会社の設立や増資等の制限・禁止、金融機関の資金についての命令、カルテルの統制、価格・運賃・保険利率などについての命令、出版物の掲載の制限・禁止・発売及び頒布の禁止など、きわめて広範にわたる事項について統制が定められており、しかも、その実施はすべて勅令によって行われるとした。

これに対して、最初に質問に立った斎藤隆夫は、戦時立法の必要は認めながらも、国民の権利義務の制限は法律によって行うことになっているのに、本法案は勅令という形で政府が自由に運用できる委任立法なので、議会の権限を侵すとし、また、ナチスドイツの「授権法」に等しく、憲法の中止と同じだと批判した。斎藤のほかにも、政友会の牧野良三や浜田国松、民政党の俵孫一や小泉又次郎（小泉純一郎首相の祖父）も反対論を展開した。

しかし、政民両党の反対姿勢は、途中から一転して「原案賛成」に変わる。そして、委員会では付帯決議をつけただけで原案賛成になり、また、衆議院本会議も委員会報告どおりに全会一致可決となった。戦時議会に詳しい古川隆久氏によれば、その主な原因は、審議の途中で近衛首相が衆議院解散・総選挙と、既成政党には不利な形への選挙法の改正、それに近衛新党結成の腹を固めたとの情報が流されたためであるという（古川隆久『戦時議会』）。当時、水面下では政民両党内の法案賛成派と小会派の一部を糾合して近衛新党を結成しようとする動きがあった。このため、もし近衛首相が決心したとなると、同法案などを分岐軸として、政界再編が一気に進む可能性がある。法案反対派は解散と政界再編を恐れて、態度を変更したのである。落選の危機と隣り合わせの解散は、いつの時代も政党政治家に対してはもっとも有効なブラフといえる。

4　政党解消に弾みをつけた斎藤隆夫除名

元気を取り戻す既成政党

一九三七（昭和一二）年一二月、日本軍は中国の首都南京を落し、北京や南京に親日派政権をつくったものの、弱体で交渉相手にはならず、蔣介石の国民政府は南京陥落後も本拠地を重慶などに移して抵抗を続けた。近衛首相は三八年一月に発表した「爾後国民政府を対手とせず」との第一次近衛声明が失敗だったことに気づき、その転換をはかるため、五月に内閣改造をおこなって宇垣一成を外相にすえた。宇垣は蔣介石との和平交渉のため、国民政府の孔祥熙行政院長との交渉をすすめたが、陸軍の横槍が入ってわずか四ヵ月で外相を辞任してしまった。このころから近衛は辞意をもらすようになり、陸軍のすすめた汪兆銘工作（国民党副総裁汪兆銘による戦争収拾工作）が進行中の三九年一月四日に総辞職した。

近衛の後任の首相となったのは、枢密院議長の平沼騏一郎（一九三六年三月議長に就任）で、近衛が代わって枢密院議長に納まった。また、近衛は平沼内閣では枢密院議長兼任のまま無任所の国務大臣になっている。同内閣の閣僚には、民政党から桜内幸雄（農相）、政友会からは前田米蔵（鉄相）が入閣した。同内閣では、ドイツから提案された日独伊三国同盟案が問題となったが、これには海軍や宮中勢力が強く反対し、調整が難航しているうちに、突然ドイツがソ連と不可侵条約を結んだために一旦交渉は打ち切られ、平沼首相は「複雑怪奇なる新情勢」との迷文句を残して八月二八日に総辞職した。

続く阿部信行内閣では、民政党から永井柳太郎（逓相兼鉄相）、政友会からは金光庸夫（拓相）、それにすでに政友会を脱党していた秋田清（厚相）が入閣したが、陸軍の支持を得られずに短期間で総辞職した。古川隆久氏によれば、同内閣の下では斎藤隆夫などが中心になって宇垣首班の政党復活の動きが表面化したという。ちなみに、斎藤は終戦直後にも宇垣を担いだ新党運動を展開する。また、この年の暮れ、衆議院では倒閣気運が高まり、二七〇名の議員が内閣不信任の決議に賛同した。そこで阿部首相は解散・総選挙も考えたが、当時の阿部内閣による経済混乱など失政と国民の不満の高まりという状況では既成政党（政友会と民政党を指す）が勝利をおさめることは確実だったので、政局の主導権を既成政党に握られることを避けるため、総辞職を選んだ。こうした既成政党の動向が、陸軍をして阿部内閣を退陣に追い込ませたという（古川前掲書）。

阿部内閣のあとは、内大臣湯浅倉平の奔走で海軍大将米内光政に組閣の大命が下った。米内は林、近衛、平沼の内閣で海軍大臣を務め、防共協定強化に執拗に反対した「新英米派」として知られる人物である。一九四〇年一月一六日に成立した米内内閣には、政友会中島派から島田俊雄（農相）、政友会久原派からは鳩山系の松野鶴平（鉄相）、民政党からは桜内幸雄（蔵相）と勝正憲（逓相）の四名が入閣した。その陣容は岡田内閣以来久しぶりに蔵相に政党員が就任するなど、「斎藤内閣なみの既成政党尊重ぶり」であり、「既成政党は元気を取り戻しつつあった」（古川前掲書）。また、その性格は、裏を返せば、政党の協力を見込んで宮中が推した「反陸軍内閣」ということでもあった。

斎藤隆夫の「反軍演説」

ところが、政党復活の兆しがみえた米内内閣のもとで、逆に政党解消の方向に大きく揺り戻されるきっかけになったのが、世に言う斎藤隆夫の「反軍演説」をめぐる騒ぎである。「粛軍演説」でも知られる民政党の斎藤は、一九四〇（昭和一五）年二月二日、第七五通常議会において政府の日中戦争処理方針をめぐって二時間近くにわたり質問をおこなった。斎藤は政府の日中戦争処理方針としての第三次近衛声明を取り上げ、これを徹底した現実主義的観点から批判した。すなわち、近衛声明どおりなら、「無併合・無賠償」ということだが、それなら、巨額の戦費は国民の負担になるではないか。あるいは、事変勃発一年半後にして初めてあらわれた「東亜新秩序建設」とは何なのか。そこに謳われた「理想主義」では戦争は終結できない。国家競争は優勝劣敗、徹頭徹尾自国本位であらねばならないのに、「此の現実を無視して、唯徒（いたずら）に聖戦の美名に隠れて、国民的犠牲を閑却し、曰く国際正義、曰く道義外交、曰く共存共栄、曰く世界の平和、斯の如き雲を掴むような文字を列べて、そうして千載一遇の機会を逸し、国家百年の大計を誤るようなことがありましたならば、現在の政治家は死しても其の罪を滅ぼすことは出来ない」（『衆議院議事速記録74』）と辛らつな批判を展開した。また、当時、陸軍が進めていた国民党副総裁汪兆銘による新政権の樹立工作についても、その非現実的なあり方を非難して、軍部の考えと真っ向から衝突した。

この演説に対して、陸軍は「聖戦」に対する冒瀆であるとして、厳しい処置を議会・政党関係者に迫った。累が及ぶのを恐れた民政党幹部は、速記録の一部削除で事態の収拾を図ろうとし、民政党出身の小山松寿議長は職権で全体の三分の二を削除してしまった。しかし、肝心の削除された部分が演説当日の二日の地方向け各新聞の早版に全部組み込まれ、いちはやく各地に報道されてしまった（大木操『激動の衆議院秘話』）。このため、問題は簡単にはおさまらず、民政党幹部はさらに斎藤の離党、次いで懲罰委員会付託で党への攻撃を回避しようとした。斎藤は一時は辞任も決心したが、本会議での釈明が許されないことから翻意し、あえて除名の道を選んだ。結局、三月六日の懲罰委員会は斎藤の除名を決定し、翌日の本会議では秘密会を開いてこれを確定した。鳩山は演説のあった翌日三日の日記に、「議場外の圧迫と議場内之れを不得止（やむをえず）とする空気の多数なるを見て、議会は最早無用の長物の感を抱く。何れの日代議政治復活するや」（伊藤隆・季武嘉也編『鳩山一郎・薫日記　上巻』）と記して議会に絶望している。

ところで、この本会議においては斎藤の議員除名に賛成が二九六名、反対七名であった。これに対して、棄権は一四四名で、このうち病欠と未登院棄権が二三名だから、登院しながら棄権した議員、すなわち消極的反対の意思表示をしたものは一二一名にものぼる。また、どの党派からも棄権が出て

図表1　斎藤隆夫除名決議

党　派	議員数	賛　成	反　対	棄　権
民政党	170	101	0	69
政友会正統派	71	39	5	27
政友会革新派	97	81	0	16
政友会中立派	10	6	0	4
時局同志会	30	25	0	5
社会大衆党	34	23	0	11
第一議員倶楽部	25	19	1	5
無所属	10	2	1	7
合計	447	296	7	144

大木操『激動の衆議院秘話』，木舎幾三郎『戦前戦後』より作製．

いることが注目される。賛成と反対、棄権（病欠・未登院棄権、登院棄権の区別なし）の内訳を主要政党についてみると、民政党が総数一七〇名のうち、賛成一〇一名、反対なし、棄権六九名。政友会正統派は、総数七一名のうち、賛成三九名、反対五名、棄権二七名、政友会革新派の総数九七名のうち、賛成八一名、反対なし、棄権一六名であった（図表1）。

賛成、反対、棄権の議員別内訳については、木舎幾三郎の著書『戦前戦後』（木舎③）のなかに掲載されている「極秘・斎藤隆夫除名投票展望」なるメモがある。新党運動に深く関わっていた木舎によれば、これは「いまも地方の知事をしている某君」が代議士の色分けに供するため調査したものというが、他の情報とつき合わせるなら、大筋で誤りはなかろう。上記の分類もこのメモに拠った。さらに、この資料や衆議院書記官長であった大木操の著書などを参考にすると、斎藤除名に反対した議員は、政友会正統派の牧野良三、芦田均、名川侃市、宮脇長吉、丸山弁三郎、民政党を脱党し無所属の岡崎久次郎、第一議員倶楽部の北浦圭太郎であった。政友会正統派のなかで棄権にまわり、戦後も国会議員となったものをあげると、鳩山一郎、植原悦二郎、砂田重政、安藤正純、河野一郎、大野伴睦、林譲治などがいる。そのいっぽうで、正統派でも、星島二郎や松野鶴平は賛成になっている。同派では棄権は不問に付すものの、五名の反対投票者には離党を勧告することとなった。なお、戦後に総理大臣となった三木武夫は、このとき、親軍派とみられた時局同志会（一九三九年一一月、国民同盟、東方会、日本革新党など国家社会主義的政党が結成した院内会派）に属し、斎藤除名の賛成票を投じている。

政党解消を促した斎藤の除名

この投票で深刻な影響を受けたのは社会大衆党で、同党は本会議を病気で欠席した麻生久を除く、安部磯雄、片山哲、西尾末広、鈴木文治、水谷長三郎、松本治一郎、富吉栄二、岡崎憲、米窪満亮、松永義雄の一〇名の棄権者のうち、安部、松本以外の八名を除名処分とした。そのため、この一〇名は脱党して日本労働総同盟の支持のもとに勤労国民党を結成しようとしたが、当局から結社禁止とされた。当時の社会大衆党は、旧日本労農党系（日労系）の麻生書記長の指導の下、近衛新党結成に熱心で、これと対立する旧社会民衆党系（社民系）と党内抗争を展開していた。そのため、斎藤の一件でも、旧日労系で戦後に日本社会党の委員長となる河上丈太郎や浅沼稲次郎らは賛成票を投じた。河上や浅沼らの戦後政治における迷走ぶりは、こうした屈折した過去を知らなければ、理解ができないだろう。

斎藤隆夫除名問題は、たしかに、個々の代議士の議会主義への信念の度合いを試す試金石ではあったが、他方で、この演説内容が戦時下において海外へ不利な形で報じられたことにも留意しなければならない。戦争当事国の中国では、この演説をとらえて、あたかも日本の内部崩壊が始まったかのような報道ぶりだったという。古川隆久氏が言うように、「斎藤の処分をめぐって議会内の意見が分裂したのは、その点（海外への報道—筆者注）と院内の言論の自由の関係をどこで折り合いをつけるかがいかに難しかったかを示している」（古川前掲書）のである。斎藤の勇気や反骨ぶりは賞讃にあたいするが、全体の動向のなかでの彼の評価は単純なものではない。

いずれにしても、斎藤問題は政党解消と新党樹立に弾みをつけることになった。三月二五日には、斎藤除名派の各派横断的な有志議員は、約一〇〇名を集めて聖戦貫徹議員連盟を結成し、各党に解党を呼びかけた。また、政党の自壊作用が進むなかで、政友会正統派の久原総裁は四月三〇日、政友会臨時党大会での席上はじめて解党を提唱し、さらに近衛新党運動の主導権を握るため、各党各派を訪問して解党を迫った。これに対し、民政党の町田忠治総裁は政民連携を主張してこれを拒み、また、政友会革新派の中島総裁は久原に先を越されたため、静観を決め込んだ。しかし、久原の呼びかけに、民政党の永井柳太郎派は呼応し、また、社会大衆党や国民同盟も応じた。なお、新党運動にかかわりをもった木舎幾三郎は、久原派それも久原直系が新党運動に積極的であったのは、「思想的にも感情的にも氷炭相容れない鳩山派や三土派の一派」は「肚の中から久原氏に心服しているわけではなく、折りあらば、逃げ出そう」としているといった「複雑な党内事情から余儀なく積極的になって来たのかもしれない」（木舎②）と観察している。

六月二四日、近衛が枢密院議長を辞任して新体制運動に乗り出すことを表明すると、六月一九日の東方会解散を皮切りに、七月六日の社会大衆党、七月一六日には政友会正統派、七月二六日、国民同盟、七月三〇日、政友会革新派と続き、八月一五日にはついに民政党も解党してわが国は無政党時代に入った。また、この間に陸軍は近衛内閣の樹立をめざして、米内内閣から畑俊六陸相を引き上げ、その後任を送らなかったため、広田内閣で復活した軍部大臣現役武官制が威力を発揮して同内閣は倒れ、代わって第二次近衛内閣が七月二二日に成立した。

5　翼賛体制下の旧政党政治家

ドイツの勢いに幻惑される

日中戦争開戦当時の首相であった近衛文麿とその側近は、日中戦争解決のために軍部を統帥すべく、国民を基礎とした強力な政治体制をつくりたいと考えた。そこで近衛は挙国一致の新党創設を考えたが、この構想は単に彼らだけではなく各方面からも期待されていた。ところが、その思惑は各々異なり、近衛らの意図に反して、陸軍の一部はナチス流の一国一党的親軍政党を目指し、既成政党のなかには失われた政治力を回復するために新党に便乗しようとするものがいた。このうち、既成政党内の人々が関係した新党計画のひとつに、大日本党結成計画なる近衛新党構想（一国一党構想）がある。この計画には、前田米蔵、中島知久平、桜内幸雄、久原房之助などが関係していたという（伊藤隆『近衛新体制』）。このように各方面から期待を寄せられた近衛だったが、新党計画が次第に既成政党主導になると、これに消極的になり、第一次近衛内閣の総辞職とともに、このプランもいったん流れてしまう。

近衛新党運動が再び本格的になってきたのは、一九四〇（昭和一五）年に入ってからであった。前年に始まった第二次世界大戦は、四月に入るとドイツの電撃作戦で急展開をみせ、六月にはパリを占領してイギリスに迫る勢いであった。こうしたドイツの勢いに幻惑されたことが、運動再開のきっかけともなった。なお、新党にかえて新体制なる言葉を使用したのは、風見章の発案であった。風見は新聞記者から民政党、次いで国民同盟の代議士に転じ、第一次近衛内閣では書記官長を務めた近衛のブレーンの一人であった。戦後は公職追放解除後、代議士に返り咲き左派社会党に入党した変り種でもある。その風見によれば、近衛が「新党運動だといえば、従来のゆきがかりから、とかく、世間では、また政権亡者がうごきだしたくらいにしか、とってはくれまい」から、新党にかわるなにかいい

図表2　発足時の大政翼賛会議会局部長・副部長（衆議院関係）

部	部　長	副　部　長
庶務部	田辺七六	岡野竜一　篠原義政　※中井一夫　中井川浩　※林唯義
審査部	※砂田重政	※河野密　※小畑虎之助　西方利馬　肥田琢司　※宮沢胤勇
議事部	※大麻唯男	※綾部健太郎　※伊豆富人　※井上知治　※武知勇記　※永山忠則
臨時選挙制度調査部	※清瀬一郎	※浅沼稲次郎　東条貞　飯村五郎　岩瀬亮　上田孝吉　※中村三之丞　※真鍋儀十　由谷義治

※は戦後国会に議席を得たもの.『翼賛国民運動史』（上巻）

言葉はないか、というので、「わたしが、新体制では、どうだろうかといいだした」（風見章『近衛内閣』）という。それほどに、既成政党の信用は地に落ちていたということだろう。

一九四〇年六月、枢密院議長の職を辞した近衛が新体制への出馬を表明すると、中野正剛の東方会を皮切りに、各方面は「バスに乗り遅れるな」とばかりに、ことごとく自主的に解散してしまった。しかし、近衛の所期の目的である一国一党的国民組織の結成に対して、国家社会主義を唱える革新右翼はこれを強く支持したものの、精神主義を重んじる観念右翼や陸軍の皇道派系統の人々からは、一君万民の国体に背く「幕府的存在」であるとの反対の声が挙がった。これには、摂政関白を先祖に持つ近衛は悩まされた。また、財界や重臣たちも新体制の「革新性」をとらえて、これを「アカ」と非難した。さらに、自分たちの権限や勢力がおかされることを恐れた内務官僚からも警戒された。

結局、近衛構想は後退に後退を続けたあげく、無政党化状態のなかで政治諸勢力の無原則な結集が図られ、一九四〇年一〇月一二日、近衛を総裁とする大政翼賛会が発足した。発会式において近衛は、大政翼賛の臣道を実践するに尽きるので、綱領も宣言も必要はない、と挨拶したが、ここに新党運動は綱領も宣言もない、日中戦争下の戦争協力のための精神運動、すなわち国民精神総動員運動（第一次近衛内閣の下で開始された戦争協力のための精神運動）のレベルまで後退してしまったのである。しかも、発足後、憲法において大政を翼賛する機関は国務大臣と帝国議会だけだから、大政翼賛会は憲法違反ではないかといった批判が起こった。このため、同年一二月、近衛は政府部内で新体制運動を計画し指導してきた内務大臣の安井英二と司法大臣の風見章を、元首相の平沼と元陸軍次官の柳川平助に替えた。

「衛生組合のよう」な大政翼賛会

大政翼賛会の発足後、貴族院と衆議院の議員は、大政翼賛会の一部局である議会局に所属することになった。議会局の局長は前田米蔵、そのほか、大麻唯男や砂田重政ら旧政党幹部が衆議院関係の庶務、議事、審査、臨時選挙制度調査などの部長副部長におさまった（図表2）。ただし、参加は任意のため、鳩山など少数の議員がこれに加わらなかった。そもそも、翼賛会の総裁は総理大臣が兼ね、政府と表裏一体の関係になる。議会は議会局に統制される。つまり、立法府の議会が行政府の総理大臣に服することになる。このような、議会局と議会の関係が問題視されるようになり、議会局とは別に院内団体が必要になってきた。また、議員としてみれば、議員以外のものが幅をきかせることに不満を募らせていた。そこで、一九四〇（昭和一五）年一二月二〇日、四三五名の議員をもって衆議院議員倶楽部が結成された。全員参加の予定だったが、なお尾崎行雄ら七名の不参加があった。

衆議院議員倶楽部がはじめて臨んだ第七六通常議会では、大政翼賛会への批判が噴出する。たとえば、川崎克（かつ）は四一年一月二五日の予算委員会で、「即ち大政翼賛会と云うものは、統治の大権を翼賛し奉るものでありまして、其の統治の大権を翼賛し奉る機関は、憲法上大臣の輔弼と議会の翼賛と是以外にはないと云うことが明確に掲げられて居る」（刊行会編『川崎克伝』）と追及し、次いで翼賛会の補助金を問題にした。また、川崎は引き続き二月一三日には、「昭和一五年度歳入歳出総予算追加案に対する修正案」「昭和一六年度歳入歳出総予算追加案に対する修正案」を提出した。いずれも大政翼賛会補助を、前者は六五万円を二五万円に、また、後者については八〇〇万円を三〇〇万円に減額しようというものであった。衆議院書記官長（戦後の衆議院事務総長）だった大木操によれば、当時の帝国議会の年間予算は貴衆両院併せても四三〇余万円、衆議院だけなら二四〇余万円に過ぎないというから、いかにその補助金が過大であったかがわかる。この修正案は一括で採決されることになったが、記名投票の結果、賛成五四票、反対二五九票という大差で否決された。

賛成五四票の内訳は、芦田均、大野伴睦、林譲治、鳩山一郎、牧野良三など旧政友会久原派二〇名、牧山耕蔵、一宮房次郎、工藤鉄男、北昤吉、林平馬ら旧民政党一九名、片山哲、鈴木文治ら旧社会大

衆党、平野力三、大石大など小会派・無所属一五名であった（大木前掲書）。鳩山はこの日の日記に、「大政翼賛会の予算削除につき茲一週日余苦心したるも、夜九時に五十四票の賛成者ありたるのみにて敗る。大多数は心にて賛成し居り乍ら此結果となる。議会は可笑な所なり」と記したように、当日は棄権した議員が一二〇余名もいた。

しかし、いっぽうでは、この日の予算委員会で平沼内相は、大政翼賛会は「政事結社」ではなく「公事結社」であると、政治活動の禁止を明言した。この当時に施行されていた治安警察法によれば、結社は「政事結社」と「公事結社」に分けられ、前者なら政治活動はできるが警察に届けなければならず、また、現役軍人や警察官、教員、女子は加入できない。後者であれば、結社は原則として自由だが、政治活動は禁止される。つまり、大政翼賛会は政治活動が禁止されたのだから、もはや政党ではない。平沼内相は「清掃組合のようなもの」、いわば、し尿処理の組合のようなものと答えて失笑をかったが、本質はたいして変わらない。ナチスばりの一国一党を目指す側からすれば、大幅な後退である。

一九四一年四月、大政翼賛会の改組で議会局が廃止されると、前田米蔵、永井柳太郎、大麻唯男ら旧新党運動推進派は、寄り合い所帯にすぎない衆議院議員倶楽部を解散して、より強力な「政府与党」的性格の院内会派、翼賛議員同盟（翼同）を九月二日に三二六名をもって結成した。これに対して、翼賛会補助費の予算減額修正案に賛成した五四名のなかから三五名が、一一月一〇日に同交会を結成。同交会は鳩山を中心とした会派だが、その鳩山と尾崎行雄は結成から四日遅れて参加し三七名（一松が途中で脱退）となった。内訳は旧政友会系が二一名、旧民政党系が一一名、社会大衆党系が三名、そのほか二名、と各派に及んでいるが、議会政治擁護の立場では一致していた。また、このなかには、戦後に総理大臣となった者が三名、その他に「憲政の神様」の尾崎や、北一輝の弟北昤吉、政友会幹事長を務めた若宮貞夫（橋本龍太郎元首相の祖父）、日本の労働運動の草分けである友愛会の創始者鈴木文治など、個性的な人物が揃っている。

同交会は戦後に政党復活の中核となった集団だが、図表3に示されているように、三七名中二二名が戦後に国会議員として復活している。また、彼らのなかには斎藤除名問題について四名が賛成票を投じているのも興味深い。前述のように、この問題が戦争遂行と絡んで、決して黒か白かの単純な問題ではなかったことをあらわしている。

翼同、同交会のほかには、一一月一二日に、旧社会大衆党系の西尾末広や水谷長三郎、松本治一郎、旧政友会鳩山派の河野一郎や牧野良三、旧民政党の林平馬や真鍋勝、旧東方会の大石大など、さまざまな出身の議員からなる興亜議員同盟が二六名をもって結成された。さらに、須永好や三宅正一ら旧社会大衆党系八名で構成される同人倶楽部が一一月一二日に、また、旧新党運動推進派ながら翼同主流に批判的な太田正孝や船田中（元田肇の女婿）ら一一名が一一月一四日に議員倶楽部を結成した。

ところで、こうした鳩山一派の果たした役割について、川崎秀二は「もし、鳩山の勢力が背後にひ

図表3　同交会所属代議士

氏　名	旧所属・選挙区	当選回数	斎藤除名	翼賛選挙	戦後の議席
安藤正純*	政友・東京3	7回	棄権	当選	衆3回
芦田均	政友・京都3	3	反対	当選	衆7
石坂豊一	政友・富山1	5	棄権	落選	参2
板谷順助	政友・北海道1	6	棄権		参1
植原悦二郎	政友・長野4	8	棄権	落選	衆5
大石倫治	政友・宮城2	4	棄権	落選	衆2
大野伴睦	政友・岐阜1	4	棄権	落選	衆9
岡崎久次郎	民政・神奈川3	6	反対		
岡崎憲	社大・神奈川1	2	棄権		
片山哲	社大・神奈川2	3	棄権	落選	衆7
川崎克*	民政・三重1	9	棄権	当選	
北昤吉*	民政・新潟1	2	棄権(病旅)	当選	衆5
工藤鉄男	民政・青森1	6	棄権	落選	衆1参1
木檜三四郎	民政・群馬2	7	棄権	落選	参1
鈴木文治	社大・東京6	3	棄権		
世耕弘一	政友・和歌山2	2	棄権	落選	衆6
田川大吉郎	二控・東京3	8	棄権	落選	衆1
田中亮一	政友・佐賀1	4	棄権(病旅)	当選	
名川侃市	政友・広島1	6	反対	落選	
服部岩吉	政友・滋賀	3	棄権		衆1
林譲治	政友・高知2	4	棄権	落選	衆7
原口初太郎*	政友・福岡1	3	棄権	落選	
坂東幸太郎	民政・北海道2	6	棄権	当選	衆2
一松定吉	民政・大阪1	5	賛成	当選(無所属)	衆2参2

福田関次郎	民政・京都1	3	棄権	落選	
星島二郎	政友・岡山2	7	賛成	当選	衆9
本田彌市郎	民政・大阪4	4	棄権	落選	
牧山耕蔵*	民政・長崎2	8	棄権(病旅)	落選	
松尾孝之	政友・北海道4	2	賛成	落選	
松木弘	政友・新潟2	3	賛成	落選	衆2
丸山弁三郎	政友・長野1	1	反対		
宮脇長吉*	政友・香川1	5	反対	落選	
百瀬渡	民政・長野4	4	棄権		
森幸太郎	政友・滋賀	2	棄権	落選	衆5
若宮貞夫	政友・兵庫5	6	棄権	落選	
尾崎行雄	二控・三重2	20	棄権	当選	衆4
鳩山一郎*	政友・東京1	9	棄権	当選	衆5

(注) 政友会所属のうち板谷順助は政友会中立派，ほかはすべて久原派．二控は第二控室．「戦後の議席」の衆1参1は衆参院議員当選各1回を，氏名*印は公職追放該当者を示す．当選回数は戦前分（翼賛選挙を除く）．棄権（病旅）とは病気・旅行による棄権．なお，追放該当者のうち，原口，宮脇は退役軍人，川崎が元陸軍参与官，牧山が元海軍政務官，安藤が翼政会総務，北が国家主義的雑誌の編集人であったことが追放理由とされる（『議会制度百年史』等より作成）．

かえていなければ、斎藤隆夫の除名問題は議会の紛糾をあのように巻き起こさず、もっと悲惨なものであったろう。彼の一統がバックアップしなければ、川崎克、安藤正純らの大政翼賛会批判も実らず、政党解消はもとより、議会も形骸を残さず、議会政治停止の運命をたどっていたかも知れない」（川崎前掲書）と述べているが、傾聴に値する。

翼賛選挙での露骨な干渉

一九四〇（昭和一五）年七月に成立した第二次近衛内閣は、日米間の国交調整を図るため、ローズベルト大統領と親交のある親米派の野村吉三郎海軍大将を駐米大使としてワシントンへ送り、日米関係の修復に意欲を見せた。また、ドイツ側にたってソ連との開戦を主張する松岡洋右外相を更迭するために、いったん総辞職をし、あらためて第三次近衛内閣を組織したが、アメリカは在米資産凍結に続いて八月には対日石油輸出の全面禁止を行うと、国内では武力行使を求める開戦論がたかまった。そこで、一〇月上旬までに対米交渉妥結の目途が立たない場合には対米開戦を決意するとの方針のもとに開戦準備をすすめるいっぽうで、並行的に交渉をつづける状態が続いたが、ついに一〇月上旬にいたっても事態の進展はみられず、和戦の決断を下しかねた近衛は、一〇月一六日、内閣を投げ出した。

第三次近衛内閣が総辞職をしたあと、後継首班には東条英機陸相が推された。それは既に没していた元老西園寺公望（四〇年一一月二四日死去）に代って首班奏薦の任を担っていた重臣会議（内大臣、枢密院議長と首相経験者で構成）での木戸幸一内大臣の推薦によるものだった。木戸ら宮中勢力らは主戦論者の東条に責任をもたせて陸軍をおさえようとしたのであり、まさにこれは苦肉の策であった。東条内閣は一九四一年一〇月一八日に成立するが、旧政党人は途中から旧政友会の山崎達之輔（農相）と内田信也（農商相）、旧民政党の大麻唯男（国務相）が入閣した。

さて、第二次近衛内閣のときに、本来なら一九四一年四月末に満了する衆議院議員の任期を、戦時下であることを理由に一年延長する法律案が制定されていた。したがって、衆議院議員は四二年四月には任期満了になる予定であった。そこで、東条内閣は四一年一二月八日から始まった大東亜戦争の緒戦の勝利によって、政府や軍部に対する国民の人気が高まっているこの機会をとらえて総選挙を行い、戦争完遂のため政府・軍部に全面協力する翼賛議会を確立しようと考えた。このため、従来の自由選挙にかえて政府が実質的に推薦候補を選び、これにあらゆる便宜を与えるという憲政史上例をみない「推薦選挙」を行うことに決め、四二年二月一八日、選挙の要領を定めた「翼賛選挙貫徹運動基本要綱」を閣議決定した。その翌日の鳩山の日記には、「松野君より電話にて政府は翼賛会を総選挙に活用し、同交会を圧迫せんとしてると通知あり。今朝の新聞を見ても大抵政府の干渉の意思は推知出来る。憲法を蹂躙し明治大帝の御精神を紊して政治を壟断せんとする。陸軍一部の陰謀には只呆る他なし」（二月一九日条）とある。彼ら政党人の最後の拠り所が帝国憲法であったことが窺える。

政府は官製選挙との批判を避けるために、各界代表三三名を招いて候補者推薦に協力を求めた。このうち、衆議院議員は、大麻唯男、太田正孝、岡田忠彦、勝正憲、永井柳太郎、前田米蔵、山崎達之輔の七名であった。参加者たちは政府の要請に基づいて阿部信行元首相を会長とする翼賛政治体制協議会（翼協）を二月二三日に結成し、政府との密接な連絡の下で推薦候補の人選にとりかかった。これに対して、同交会の三七名は、三月一九日、安藤正純を提案者、その他を賛成者として、政府に「政府の選挙対策に関する質問主意書」を提出した。このなかでは、「国民公選の憲法の精神」に反する翼協の解消を訴えた。

しかし、結局、翼協は最終的には議員定数いっぱいの四六六名を推薦候補に選んだ。いっぽう、非推薦で六一三名が立候補したが、このなかには、同交会から立候補した二九名全員が含まれている。また、新人立候補者は六四五名であった。このほか、推薦・非推薦双方を合わせた立候補者一〇七九名という数は普通選挙実施以来最高であった。

政府は推薦候補の当選を図るため、推薦候補には選挙資金を与えるなど全面的援助を行い、非推薦候補に対しては警察を通じて露骨な干渉をはかった。たとえば、鳩山はその日記のなかで、その不公正さを次のように批判している。「昨夜芦田君より選挙郵便発行禁止を受くとの電あり。原田君に検事局、警保局に問合せ貰いたる処、政府の施策に対しての非難は許さず、推薦制度に対する批判を除けばよしとの事。元来首相は推薦制度は政府と干係（ママ）なしと議会で答弁せしに非らずや。誠に暗黒の世の中と言ふべし」（四月八日条）。

また、大野伴睦は回想録のなかで、「選挙区の村の小学校で大野伴睦個人演説会を開くと、村の駐在所の巡査がきて、片っ端から出席者をメモして翌日、呼びつける。『どういうわけで大野の演説を聞きにいった。彼は非国民だ。あんなものに投票してはいかん。』これでは村の人たちがおびえて私に投票するはずがない」（大野①）と、その激しい干渉ぶりを記している。

四月三〇日に施行された第二一回総選挙の結果は、当選者三八一名、当選率八一・八％という推薦候補の圧倒的勝利に終わった。しかし、それでも、非推薦候補も奮闘し、推薦候補が落選した分だけ、つまり定員四六六名から当選した推薦候補三八一名を引いた八五名が当選した。また、同交会は立候補した二九名のうち、鳩山や安藤、尾崎など九名が当選し、除名されていた斎藤隆夫も最高点で当選した。投票率は町内会や部落会、またその下に設けられた隣保組織による投票駆り出しの結果、八三・一％と、前回第二〇回総選挙より約一〇ポイントも高い数字を示した。

6　東条「独裁」をめぐる攻防

翼賛政治会結成で一国一党制に

翼賛選挙が終わると、東条内閣はその政治的基盤を強化するために、新政事結社の翼賛政治会（以下、翼政会）設立を働きかけた。総裁は翼協会長の阿部を横滑りさせ、旧政党関係者では大麻、前田、山崎、永井、太田（いずれも発足後は常任総務）らが中心となった。政府は前年に公布された言論出版集会結社等臨時取締法で、翼政会以外認めない方針であったため、翼賛議員同盟は解散し、また、議員倶楽部、興亜議員同盟、同交会も相次いで解散に追い込まれた。こうして、選挙中に田川大吉郎の応援演説で不敬罪に問われた尾崎行雄や、ゾルゲスパイ事件に連座した犬養健、その他選挙法違反等で起訴された六名を除いて、全員が翼政会に入会した。

一九四二（昭和一七）年五月二〇日に結成された翼政会には、貴衆両院議員のほか、財界、言論界等各界からの代表も総務として会の運営に参加する建前になっていたが、このとき翼政会の役員（政務調査会理事）のひとりであった中谷武世によれば、「翼賛政治会の運営の実権は旧政友会の前田米蔵、旧民政党を代表する実力者として大麻唯男等がこれを掌握し、且つ前田の下に津雲国利、大麻の下に三好英之を配して軍部の威力を背景に、翼賛政治会（略称翼政会）の現実の運営の衝にあたらしめ、特に議会対策は、この津雲国利、三好英之の両名の外、議会運営のベテランとして定評のあった武知勇記がこれに参加した。そして東条軍部の意向はこれら数名の翼政会内の少数実力者群によって議会方面に伝達され、その指示のままに動く体制を整えたのである」（中谷武世『戦時議会史』）という。

さて、一九四二年六月のミッドウェー海戦の敗北によって戦況は逆転した。そして、この八月以来のガダルカナル島における地上戦の苦戦が伝えられる重苦しい雰囲気のなか、一二月二四日から第八一通常議会が開かれた。この議会開会直前の二一日付の警視庁情報課資料「第八一帝国議会諸問題」

（吉見義明・横関至編『資料日本現代史5』）によれば、翼政会の内部には様々な分派が形成されており、そのなかには、思斉会と称する鳩山一派もある。同会は「翼賛会の不必要を説き議会至上主義を内部に抱蔵」しているという。メンバーは鳩山のほかに、安藤、星島、芦田、田中、川崎、北、坂東、尾崎、九名の旧同交会会員に加え、斎藤隆夫が参加している。

この議会では膨大な予算と八九件の政府提出法律案が通過成立した。成立した法律案のうち主要なものは、戦時行政特例法案、市町村制改正法律案及び東京都制案、戦時刑事特別法改正法案などであった。これらの法律案はいずれも首相と政府の権限を強化することをねらったもので、このうち、戦時刑事特別法改正法律案は、国政変乱の目的をもって、暴行、脅迫、騒擾その他治安を害する犯罪の実行について協議及び扇動、さらには宣伝した場合までを厳罰の対象とする。つまり、政府に対する批判的言動の一切を取り締まる意図が窺えるため、政府原案をそのまま通過させようとする翼政会幹部と、この法案の成立に反対する反主流派代議士とが激突した。

政党政治家たちの最後の抵抗

先に掲げた中谷の『戦時議会史』のなかには、戦時刑事特別法改正法律案についての翼政会代議士会でのやり取りが活写されている。問題の代議士会は一九四三（昭和一八）年三月六日の午後開かれた。午前中に翼政会の政務調査会と役員会で原案無修正のまま承認された戦時刑事特別法改正法案を、午後の代議士会にかけたわけだが、この代議士会で旧民政党の浜野徹太郎委員長が委員会における改正案の審議経過や結果を報告するときに、実際の委員会の空気は原案反対ないし修正意見が多数であったにもかかわらず、これと全く相反した報告をしたので、当該法案の委員（帝国議会では重要法案ごとに委員会が組織された）の真崎勝次（元海軍少将。真崎甚三郎陸軍大将の弟）が先ず起って、委員会及び懇談会の模様を詳細に説明し、他の二、三の委員も委員長報告が事実と相違する旨を発言したので、代議士会は忽ち騒然となった。

代議士会の空気が険悪になるなかで、「突如、津雲（国利）総務が役員席から起ち上って代議士席の一番前の席近くまで歩み寄り、大手をひろげて、『そういうことは此の俺が許さん』と大声叱呼したので、『俺が許さんとは何を生意気な、先ず津雲をやっつけろ』という叫び声があがり（これは実は私が叫んだのだが―原注）、これに応じて十数人の代議士が津雲を目がけて突進した。会場は全員総立ちとなり、守衛が素早くスクラムを組んで津雲を護衛したが、これに対し木村武雄の如きは椅子を踏み台にして守衛の頭上を越えて、津雲に向かってダイビング攻撃を試みるなど、代議士会は全く収拾のつかぬ混乱状態となり、代議士会長の小泉又次郎は茫然なすところを知らず、ただ小声で『静粛に静粛に』を繰り返すだけであった。此の状況に狼狽した翼政会の役員席では三好英之が小泉に合図を送って代議士会の解散を指示した」（中谷前掲書）。

津雲は地方新聞社役員などを経て、政友会総務や翼賛政治会常任総務を歴任した当選六回のベテラン政治家で、もっとも軍部のお先棒を担いだ代議士でもあった。しかし、それでも、戦後の追放解除後は衆議院に二度ほど議席を得ている。木村武雄は石原莞爾の主宰する東亜連盟に所属し、戦後は国務大臣や建設大臣を歴任、自民党田中派の重鎮となった。さらに小泉又次郎は民政党幹事長や逓信大臣を歴任、当選一二回のベテランで、前述のように小泉純一郎首相の祖父。三好英之は当選六回、旧民政党で、戦後は岸信介の側近として参院議員に復活している。

ここで、翼賛選挙で久しぶりに国政に返り咲いた三木武吉が登場する。戦後は鳩山の軍師となった三木は、鳩山より一年遅れの一八八四（明治一七）年八月一五日、高松市に骨董商三木古門の長男として生まれた。一九〇四年七月、東京専門学校（早稲田大学の前身）を卒業し、日本銀行見習行員、衆議院事務局臨時雇などを経て、〇七年七月判事検事登用試験に合格。のちに枢密院議長となる原嘉道の法律事務所に弁護士として勤務した。政界方面では一三（大正二）年四月東京市牛込区会議員を振り出しに、二二年六月から二四年九月まで東京市議会議員を務め、市議会では政友会の鳩山と対立しながらも、憲政会系を率いて絶大な影響力を有した。衆議院には一七年四月から三四年まで議席を得たが、京成電車疑獄事件に正力松太郎らと連座し、以後政界を去って鉱山や報知新聞の経営にあたった。そして、四二年の第二一回総選挙で衆議院議員に復活していた。

再び中谷の記述を引用すると、「此の時、前方の席に座って居た三木武吉がつかつかと壇上に上がり、小泉会長の傍に寄って『おい、ちょっと退け』というと、小泉会長、気を呑まれたのか、或は日頃から一目も二目もおいている同じ民政党出身の三木武吉からいわれたので拒み得なかったのか、素直に会長席を三木に譲って後方に退った。代って三木は議長席につくや直ちに『これより有志代議士会に切り換えます。』と叫んだ。すると『賛成』『賛成』の声が起り、役員を除いた代議士の大多数がそのまま有志代議士会に居残り、原案反対と津雲総務の除名を決議し、実行委員を挙げて、これを翼政会の首脳に要求することとなった」（中谷前掲書）。

戦時刑事特別法改正法案は、翼政会代議士会の大混乱のあと、東条内閣の閣僚や翼政会幹部の切り崩し工作が奏功し、結局は衆議院本会議において原案通り無修正可決をみた。しかし、この問題を契機として、鳩山一郎、中野正剛、三木武吉の三名を中心とした反東条運動が展開される。雄弁家で知られる中野は、新聞記者出身で、革新倶楽部、憲政会、民政党に所属したが、次第に国家主義に傾斜し、国民同盟、次いで東方会を結成。翼賛選挙では非推薦で当選し、自由主義者の鳩山・三木とは別の意味で東条内閣を激しく攻撃した。

さて、企業整備法案が争点となった六月一五日に召集された第八二臨時議会では、この国民生活に重大な関係のある法案を会期三日で審議することに反対する三木は、あらかじめ鳩山、中野と三人で政府と翼政会首脳を弾劾する手筈を整えていた。六月一七日に開かれた翼政会代議士会で鳩山が会期延長を提案すると、翼政会政調会長の小川郷太郎に一蹴された。これを聞いた中野や三木は翼政会幹部を強く批判したが、もはや大勢に影響は及ぼさなかった。それから五日後の二二日、鳩山と中野は翼政会を脱退して無所属となり、さらに、中野は東条批判がたたって憲兵隊に逮捕され、釈放後の一

○月二七日に割腹自殺した。また、三木と鳩山もこの年までに、高松と軽井沢にそれぞれ引きこもった。

戦争末期の帝国議会

一九四四（昭和一九）年七月、サイパンが陥落すると、いよいよ政府と軍部、その頂点に立つ東条首相に対する不信感と不満が高まってきた。戦局転換のためには東条内閣を打倒しなければならない、とする動きが中谷や赤城宗徳（戦後は農相や防衛庁長官を歴任）ら翼政会若手中堅代議士のなかに生まれた。もっとも、彼らは東条首相の強権主義による民意無視が戦意の低下や生産意欲の減退を招いたと考えたのであり、あくまでも戦争貫徹派であった。

また、いっぽう、これとは別に、近衛文麿や岡田啓介ら重臣の一部による終戦和平を視野に入れた反東条工作が展開された。そして、東条首相は内閣倒壊の危機を内閣改造で乗り切ろうとしたが、岸信介国務相に閣僚辞職要求を拒まれ、また逆に米内光政の入閣拒否にあって七月一八日に総辞職した。東条の後には、朝鮮総督の小磯国昭が組閣の大命を受けた。この内閣には、旧政友会から島田俊雄（農商相）と前田米蔵（運輸通信相）、旧民政党の町田忠治（国務相）三名の旧政党人が入閣している。

一九四五年二月に入ると、翼政会からの脱退者が相次ぎ、反東条工作にかかわった中谷や赤城など二五名（のち三一名）は、三月一一日、衆議院院内会派ながら「岸新党」と呼ばれた「護国同志会」を結成した。この会派の性格について、中谷は「強いていえば、大東亜戦争完遂がその政策であり、且つ政策のすべてであった」(中谷前掲書)と述べているように、徹底抗戦派であった。そして、そのメンバーのなかには、船田中、井野碩哉、永山忠則ら戦後に議席を回復して国務大臣も務めた人々や、三月事件や十月事件に関与した橋本欣五郎、戦後に社会党代議士となる杉山元治郎、三宅正一、川俣清音、前川正一などもおり、岸信介を事実上の指導者とした。ただし、岸は軍需次官就任にともなって翼賛選挙で獲得した議席を失ったので、東条内閣で農相を務めた井野碩哉代議士会長をもって会派の代表とした(図表4)。

いっぽう、翼政会主流派は、脱落者が相次いだため同会を解消して、三月三〇日、新たに南次郎陸軍大将を総裁とする大日本政治会(以下、日政会)を結成した。同会は当選六回で、戦後は農相、文相や改進党幹事長を歴任することになる松村謙三を幹事長とした。一九四五年六月八日現在で衆議院の勢力分布は、日政会三四九名、護国同志会三一名、翼壮議員同志会二二名、無所属二六名、欠員三八名となっている。

なお、大東亜戦争の末期には、代議士のなかから一三名が臨時召集を受けて出征した。開戦約一年後の戦局はますます悪化したため、代議士といえども応召出征すべき状況になってきたわけである。しかし、このうちの福家俊一(東京第一区)、有馬英治(福岡第四区)、浜田尚友(鹿児島第二区)の三名は、いずれも政府の恣意的な臨時召集として二等兵でそれぞれ中国南部、中部および硫黄島に配置されたという。大木操によれば、その理由は、四三年二月の議会で「政府提出の市町村制改正法律案

図表4　護国同志会所属代議士

氏　名	旧所属・選挙区・推薦	当選回数	前　歴	戦後の議席・所属
赤城宗徳	無所属・茨城3・推薦	2回	茨城県議	衆13・自民
井野碩哉	なし　・三重3・推薦	1	農相	参3・自民
池崎忠孝	無所属・大阪3・推薦	3	自営業	
今井新造	諸派　・山梨　・推薦	3	山梨県議	
小野義一	無所属・高知2・推薦	2	大蔵次官	
川俣清音	社大　・秋田2・非推	3	農民組合役員	衆5・社会
小山亮	無所属・長野2・推薦	3	小諸町議	衆1・社会
近藤英次郎	なし　・山形1・推薦	1	海軍中将	
斎藤憲三	なし　・秋田2・推薦	1	由利郡平沢町長	衆4・自民
杉山元治郎	社大　・大阪5・推薦	4	農民組合長	衆5・社会
鈴木正吾	国同　・愛知5・非推	4	豊川市長	衆3・自民
高岡大輔	国同　・新潟2・推薦	3	参謀本部嘱託	衆2・自民
中谷武世	なし・和歌山1・推薦	1	法政大学教授	
中原謹司	諸派　・長野3・推薦	3	長野県議	
中村又七郎	東方会・新潟4・非推	1	新潟県議	
永山忠則	昭和会・広島3・推薦	3	広島県議	衆8・自民
橋本欣五郎	なし　・福岡4・推薦	1	陸軍大佐	
林正男	なし　・愛知1・推薦	1	海軍少将	
日下田武	なし　・栃木2・推薦	1	益子町長	
藤井伊右衛門	なし　・長野1・推薦	1	長野市長	
船田中	政友　・栃木1・推薦	5	東京市助役	衆10・自民
前川正一	社大　・香川1・非推	2	農民組合役員	
松永壽雄	なし　・高知1・推薦	1	海軍少将	
三浦虎雄	民政　・宮崎　・推薦	5	延岡市長	

三宅正一	社大　・新潟３・非推	3	農民組合会長	衆12･社会
小沢治	なし　・茨城１・推薦	1	茨城県議	
池田正之輔	なし　・山形２・非推	1	読売新聞記者	衆９･自民
八木宗十郎	なし　・山口２・推薦	1	山口県議	
木村武雄	東方会・山形１・非推	3	山形県議	衆９･自民
吉川亮夫	なし　・長野３・推薦	1	長野県議	
濱田尚友	なし・鹿児島２・推薦	1	国分市議	

（注）推薦，非推とは第21回総選挙における翼賛政治体制協議会の推薦の有無を指す（『議会制度百年史』等により作成）．

に対して、以上の若手三代議士が同僚と共に、同法案は内務官僚の権力増強案であると断じて反対気運を盛り上げ、当面の責任者湯沢三千男内相を議会閉会後辞任させることを条件として通過という大波乱を巻き起こし、東条首相を激怒させたことに深い原因がひそんでいた」（大木前掲書）という。

　戦前は現役軍人には選挙権も被選挙権もなかったので、応召となれば衆議院議員選挙法によって議員の身分を失う決まりであった。そこで、応召を容易にするため、応召後は一時議員失格となるが、召集解除後は補欠選挙によらずに復職できる臨時的措置がとられ、一三名のうち九名までが召集解除後に代議士に復職した。しかし、小野祐之（長野第四区）は四四年六月にサイパン島で戦死、松岡秀夫（埼玉第三区）は四四年一二月にビルマで戦死、また、田中勝之助（島根第二区）は四五年八月六日、広島において勤務中に原爆で死んだために復職がかなわなかった。また、ほかに一名が復職していない。おそらく戦地からの復員が遅れたためであろう。

さらに、一九四三年一〇月五日、加藤鯛一（愛知第二区）と助川啓四郎（福島第二区）は、満州へ出張の途次、乗船していた関釜連絡船が潜水艦の攻撃をうけ殉職した。また、第二次近衛内閣の鉄道大臣を務め、当時はビルマ国最高顧問でもあった小川郷太郎（岡山第二区）はビルマから帰国の途次、乗っていた阿波丸が東シナ海航行中に潜水艦の攻撃をうけて四五年四月一日に殉職、戦死と認定された。このほか、空襲や原爆で三人の代議士が犠牲となった。

二　占領下の政党政治家

1　敗戦と日本自由党の結成

鳩山派の復活

敗戦後最も早く政党復活を目指して動いたのは、旧無産政党の指導者の一部と、旧政友会幹部鳩山一郎ら同交会系の代議士たちだった。彼らは戦時中に軍部から圧迫を受けて逼塞を余儀なくされていたが、それでも同志間の交流は途絶えることがなかった。戦争末期に軽井沢の別荘に隠棲していた鳩山も、時折東京から訪ねてくる同志の話から、戦局や政局をつかんでいた。たとえば、鳩山の日記の一九四五（昭和二〇）年八月一〇日のくだりには、「伊東君より戦争最高指導会議にて戦争中止の決議ありとの報告あり」とあり、戦争終結が近いことを知っていたことを窺わせる。実は、戦時下の衆議院では秘密会で機会あるごとに陸海両相を初めとする軍当局からの詳しい戦況報告を受けていた。したがって、一般国民には知りえないような情報も議員たちは得ていたのである（大木前掲書）。

敗戦の直後から芦田均や安藤正純ら同志たちに上京を促された鳩山が東京へ戻ったのは、八月二二日だった。「戦争に敗けて『待ていましたッ』というような形で政界に出て行くという気分にはどうしてもならなかった」(鳩山一郎『鳩山一郎回顧録』)とあとで言い訳をしているが、これに対して芦田や安藤らの対応は早かった。彼らは「終戦の詔勅」が放送された八月一五日の午後一時、銀座の交詢社において、植原悦二郎、矢野庄太郎と会合し、「此の際同志の結社を組織しては如何との空気濃厚」(粟屋憲太郎編『資料日本現代史3』)であったという。

鳩山も東京に戻った翌日の二三日、交詢社で、安藤、植原、矢野、大野伴睦、それに、旧無産党の平野力三、西尾末広、水谷長三郎らと政党づくりのための協議を行った。このうち、鳩山、安藤、植原、大野と、この場には列車事故のため不参加だった芦田は、かつて同交会に所属しており、また、西尾、平野、水谷を含む九名全員が、翼賛選挙では非推薦候補であったから、いわば筋金入りの政党政治家たちである。鳩山をリーダーとするこのグループは、九月四日、衆議院に「大東亜戦争を不利なる終結に導きたる原因並其の責任の所在を明白にする為め政府の執るべき措置に関する質問主意書」を芦田を提出者として出した。この質問主意書の賛成者は三三名にのぼり、このなかには、七名の同交会メンバーのほかに、西尾、平野、水谷、松本治一郎、河野密ら無産党系が含まれていた(粟屋編前掲書)。

しかし、結局は鳩山一派と旧無産党系との提携は、両者のバックグラウンドの違いから実現しなかった。西尾はその回想のなかで「鳩山氏とは戦時中、反東条の線で行動をともにした因縁はあるが、しかしわれわれとしてはすでに社会主義政党の結成を決意しており、この連中とハダを合わすことは、なかなか至難のように思われた。そこで私は『われわれ指導者同士は、大人だから大局的に考えてあるいは協調できるかも知れないが、お互いの背後にいる多数のものを同調させることは、なかなか困難であると思う』と答えた。すると鳩山さんが笑いながら『結局、諸君と自分たちとは育ちが違うから、一緒にやることは無理だろうな』といい、この鳩山氏の一言を潮時にこの会談は打切りとなり、政治的余韻を残したままで別れた」（西尾末広『西尾末広の政治覚書』）と記している。自由党と社会党が結党された後に、両党間には連立政権の模索という形で、この「政治的余韻」が継続することになる。

旧民政党系で戦時中は行動をともにした川崎克や斎藤隆夫らも一時は新党創立準備会に集まりながら、鳩山の新党には結局は参加しなかった。鳩山の回顧録にも「斎藤、川崎、一宮（房治郎―筆者注）君等は従来の政治的背景が異なるということで遂にわれわれの新党には不参加ときまった」とある。それは、安藤のメモによると、九月一〇日に行われた第七回目の新党創立の準備会合で、一宮からの「宇垣大将が新党出馬と決定に付、自分は従来の関係上夫に参加する旨の申出あり」（粟屋編前掲書）との発言を指していると思われる。彼らの宇垣一成擁立運動については後述する。

そこで、いきおい鳩山の新党は旧政友会系の集まりとならざるをえなかったが、戦前の既成政党色を払拭するために、美濃部達吉や菊池寛など学者・文化人にも参加を求めた。そして、一一月九日、日比谷公会堂で日本自由党の結党大会を開いた。総裁には鳩山、幹事長は河野一郎と決まった。参加した代議士は四六名。まだ四〇代半ばの河野が幹事長になったのは、多少経緯がある。

河野幹事長と黒幕たち

河野は朝日新聞記者から政界に転じて、一九三二（昭和七）年の第一八回総選挙より敗戦までに連続当選四回、翼賛選挙では非推薦で当選している。政友会鳩山派ではあったが、もともとは山本悌二郎・東武の系列であったので、鳩山派直参というわけではない。三七年に鈴木喜三郎総裁引退後、後継総裁をめぐって政友会が中島知久平推戴派と鳩山推戴派に分裂したとき、河野は初めて鳩山派に加わった。ただ、すでに述べたように、河野は中島に対抗するため鳩山を降ろし、財力の豊かな久原房之助を擁立する工作に関わったため、鳩山派のメンバーの怒りを買い、大野や林譲治らと対立することになった。こうした経緯からか、政党解消後は同交会ではなく、西尾や平野、水谷、松本治一郎など無産政党系や江藤源九郎といった国粋主義者も加わった興亜議員同盟に所属していたが、戦争末期になると、宇垣一成や米内光政ら重臣たちと鳩山の間を繋ぐ連絡役として、軽井沢と東京の間を行き来していたという（河野前掲書）。

鳩山は当初、幹事長に側近の芦田を予定していた。ところが、鳩山とともに新党創設に関わってきた芦田は、一九四五年一〇月九日に成立した幣原喜重郎内閣に厚生大臣として入閣してしまい、三木武吉の強い反対で幹事長就任は沙汰止みとなった。そこで、鳩山は政界の黒幕といわれる辻嘉六に相談して、まだ四七歳の河野を幹事長に据えることにした。ちなみに辻は戦前、政友会院外団で原敬に目をかけられ、次第に政界の裏面で影響力を持つようになった。終戦直後は鳩山に政治資金を提供した児玉誉士夫を仲介した人物でもある。

その政治資金については、次のような逸話がある。児玉によれば、戦時中に中国で海軍の物資調達にあたっていた「児玉機関」の資産を海軍に返還しようと米内光政海軍大臣のもとへ行くと、米内は「それを受け取る海軍は、もうこの日本にはいなくなった。むしろこの際、多数のきみの旧部下が路頭に迷わぬよう、生活の面倒をみてやってほしい。もし幾分かがあれば、なにか国のためになることに使ってもらいたい」と指示した。それから数日後、辻が訪ねてきて、鳩山がすすめている政党再建のために、児玉の持っている資金を使わせてほしいと頼んできた。かつて児玉が私淑していた国家主義者の岩田富美夫から辻のことを「なかなかの傑物」と聞いていたことでもあり、またその熱意にほだされて、「二十年十月の中旬ごろ」に児玉は麻布の石橋正二郎邸（石橋家は鳩山の長男の妻の実家）で鳩山と会った。

少々余談になるが、辻の案内で訪ねると、そこには松野鶴平も来合わせており、辻は「『これは松野鶴平ではなく、天下のズル平だ。そのつもりで交際したまえ』と、当人を前にして平気で言った。ひどいことを——と、思ったが、さすがに辻嘉六だけのことはあるはい（ママ）——と感じた」と児玉は述べている。

鳩山が資金提供の条件を問いただすと、児玉は「天皇制の護持」のみを示した。そこで、鳩山がこれを了解したので、旧児玉機関の資産全部を鳩山に提供したという（児玉誉士夫『悪政・銃声・乱世』）。これが事実なら、ロッキード事件でフィクサーとして暗躍した児玉と、自民党に連なる戦後保守政党の腐れ縁の始まりといえよう。

さて、資金集めや事務所の入手などで手腕を見せた河野ではあったが、その幹事長就任には、芦田などが露骨に反対し、かなり紛糾した。河野によれば、「鳩山直参の先輩たちも芦田君ほどでないにしても、面白かろうはずがない。林、大野、益谷（秀次―筆者注）らも反対の意向をもらしていた」（河野前掲書）という。

自由党に参加した多くが政友会出身だったのに対し、三木は民政党の出身であり、また、鳩山とは戦前からの政敵でもあった。翼賛選挙以降には肝胆相照らす仲となったものの、こうした事情から敗戦直後は鳩山周辺から距離を置いていた。三木とは父親の関係で学生時代から親しかった木村武雄によれば、「三木さんは民政党の流れである進歩党の金光庸夫君をかつぐ運動をしていた」が、「結局、金光擁立がダメになって三木さんが来た」（自民党出版局編『秘録・戦後政治の実像』）という。いずれにしても、三木がようやく新党結成に乗り出すのは、一〇月下旬に鳩山が訪ねてきてからのことだった。

鳩山を支える三木と大野

そもそも、鳩山と三木の関係は東京市会議員の時代にさかのぼる。香川県高松市に生まれた三木は、早稲田大学の前身である東京専門学校を出て弁護士となり、一九一七（大正六）年に衆議院議員初当選を果たした。二〇年に再選された後、二二年には東京市会議員にも選出されている。当時は衆議院議員と市会議員との兼職が許されており、鳩山もまた両方を兼職していた父和夫の後を継いで、一二年に補欠選挙に出て以来市会議員となっており、一五年からは衆議院議員と兼職していた。その市会では、政友会代議士の鳩山と憲政会代議士の三木が、ともに市会会派の有力者として、二度にわたり、党派を超えた提携関係を結んでいる。その一度目は、市長のポストをめぐって鳩山派の新交会と三木の率いる革新連盟とが、後に大蔵大臣となる勝田主計（しょうだかずえ）を共同で推した。このときは、後藤新平市長が推す市助役の永田秀次郎に負けたが、二四年の市会議長選挙の際には、三木が鳩山に協力して鳩山議長を実現している。

中央政界での三木は、一九二四年に四〇歳で憲政会幹事長となり、三二（昭和七）年の第一八回総選挙において六回目の当選を果たしたが、京成電車の東京市乗り入れをめぐる疑獄事件で三五年に大審院（現在の最高裁）で有罪判決（禁錮三ヵ月）が出され、以後第一九回総選挙からは立候補せず、その後は鉱山開発事業などを手懸けた。また三九年には報知新聞社長に就任して、新聞社経営に専念していた。ところが、四二年に実施された翼賛選挙に再び立候補する。立憲政治のなかで育ってきた三木の反骨精神が立候補を促したのだろう。かつては東京市牛込区を中心とした選挙区から出ていたが、後継者に地盤を譲っていたので、郷里の高松市を含む香川第一区から非推薦で出馬し当選した。

翼賛選挙後の議会では、すでに触れたように、三木と鳩山は提携して戦時刑事特別法改正法案や企業整備法案の反対運動などを展開したが、東条内閣による圧迫から、高松と軽井沢にそれぞれ引っ込むことになった。二人は別れる前、戦後の再起の際には、鳩山が総理で三木は衆議院議長をやろう、と語り合ったという逸話が鳩山の回顧録に記されている。

ここで鳩山直参であった大野の経歴にも触れておこう。三木が戦前は鳩山の政敵だったのに対し、大野は鳩山の直参だった。岐阜県山県郡谷合村生まれ。明治大学専門部法律学科に学んだが、一九一三年二月、桂太郎内閣打倒の護憲大会（第一次護憲運動）で起きた焼き討ち事件にかかわり逮捕された。このため罰金刑をうけて明大からは退学処分になり、大学中退後は政友会院外団に加わった。院外団というのは、議員以外の政党員から構成されるもので、遊説や選挙運動などに動員されるが、原則的には無報酬なので、大野は収入を得るために政友会系の貴族院交渉団体「交友倶楽部」の書記長（事務局長）となった。ここで貴族院議員、ことに医学者として高名な北里柴三郎男爵に可愛がられたという逸話は余談ながら大野の人懐（ひとなつ）こい性格をあらわしていて興味深い。二二年の東京市会初出馬の際にも、北里は毎晩大野の選挙区である芝区の医師を集めて、「『大野は私の身代わりとして出すのだから落としてくれるな』と説得してくれるほどの力のいれよう」（大野①）であったという。

ところで、大野が鳩山と出会ったのは、この院外団の時代であった。市会に出てからは、鳩山派の新交会に属し、一九二四年、第二次護憲運動の際に政友会が分裂して鳩山が政友本党に移った際には大野も行動を共にした。しかも、その年に行われた第一五回総選挙では、政友本党公認で落選している。その後、鳩山が政友本党を脱党し、さらに二六年に政友会に復帰すると、大野もこれに従った。

いっぽう、三木と大野の関係は、一九二二年に二人が東京市会は初当選したときから始まる。大野の回想録によれば、「三木武吉氏と私の関係は、保守合同問題が起きるまでこの『政敵』であり、しかも三十数年間、お互にお茶一ぱい飲むことすらなかった。二人とも、知り合ったのは東京市会時代。彼は憲政会、私は政友会の所属市会議員と、立場上相争う間柄だった。たまに銀座裏の飲み屋で顔を合わせても、席をへだてて飲み競うほど対抗意識に燃えたっていた」（大野①）という。大野は三〇年に衆議院議員に初当選して以来、三七年の第二〇回総選挙まで四回ほど当選を重ねたが、翼賛選挙では非推薦で落選している。本来、議会政治擁護という点では一致するはずの二人だったが、翼賛体制期以降はすれ違いを繰り返し、追放解除組が政界に復帰してからは、まさに政敵関係にあった。

2　日本進歩党と日本協同党

宇垣大将を担ぐ斎藤隆夫

戦後初の第八八回帝国議会の会期終了時点（一九四五年九月五日）での衆議院議員の所属会派をみると、日政会三七八名、翼壮議員同志会二一名、無所属は二七名、欠員四〇名となっている（護国同志会は八月一五日に解散）。終戦時の院内最大多数派であった日政会は、実に衆議院議員の八一％を占めていたのである。九月六日に翼壮議員同志会、次いで一四日に日政会が解散し、議員は全員がいったん無所属になったが、解散直後から再出発をめざしての主導権争いで紛糾する。

郷里の兵庫県出石(いずし)町で敗戦を迎えた斎藤隆夫は、東京の同志から上京を促されて一〇月七日ひとまず鎌倉に到着し、そこから毎日上京して川崎克、一宮房治郎、鶴見祐輔、池田秀雄ら旧民政党系の面々と新党樹立の協議を重ねた。斎藤の『回顧七十年』には、その頃の事情が次のように記されている。

すなわち、「ここにおいて私らは敗戦後新時代の要求に応ずべく、健全なる政党を樹立する方針をもって同志を糾合する申合わせをなすとともに、翼賛政治会、大日本政治会に亘りて、常時その牛耳を取り、幹部として軍閥政治に迎合し、世間に定評ある人物は一切これを除外し、第一回の準備会を丸之内会館にて開いた。出席者の中には、これら除外せられたる人々の示唆を受け、暗に新党樹立を挫折せしむるの意図をもって種々の論争を挿み、悪意の議事妨害をなすものもあったが、われわれは努めてこれを排斥し、規定の方針をもって進むことを決意し、銀座のエーワン・ビルに創立事務所を設け、いく回となく発起人会を開き、諸般の準備を整えて、いよいよ十一月十六日、丸ビル九階において日本進歩党創立会を開いた」とあるが、日本進歩党の創設をめぐってはこれだけで、詳しい事情は述べられていない。

前述のように、斎藤は川崎克とともに鳩山の自由党準備会に参加していた。そもそも、斎藤は鳩山とは古くから縁がある。それは、斎藤が一八九五（明治二八）年、弁護士資格を取って初めて勤務したのが鳩山の父の和夫の事務所だったということだ。しかし、斎藤らはもともと民政党と縁の深い宇垣一成（宇垣は民政党内閣で陸軍大臣を務めた）擁立派として、自由党結成から離れて旧日政会を母体とする新党運動に参加する結果となったことは、すでに安藤メモのなかの一宮房治郎の発言にみた通りである。

斎藤の回想にあるように、旧民政党町田派と旧政友会中島派に属するものは、銀座のレストラン「Aワン」（エーワン・ビル）に拠点をおいたのでAワン派とかAワン組とか呼ばれ、このなかに自由党不参加組の斎藤、一宮、川崎、一松定吉（ひとつまつさだよし）らが加わっていた。このほかに、中堅・若手の犬養健や馬場元治、大麻、前田、三好ら幹部派、閣僚経験者の町田、金光庸夫、桜内幸雄、山崎達之輔ら長老グループがそれぞれ宇垣のほかに町田、中島、近衛、あるいは渋沢敬三蔵相（渋沢栄一の孫）、海軍大将野村吉三郎（日米開戦時の駐米大使）など思い思いの人物を担いで事態は紛糾した。しかし、一〇月二三日になって衆議院議長島田俊雄が議長官舎に町田、大麻、前田、金光ら旧日政会幹部を招き、大同団結を促した。その結果、幹事長鶴見祐輔、政調会長太田正孝、総務会長犬養健という陣容で日本進歩党が発足することとなり、一一月一六日に結党大会が開かれた。

結党時には総裁は空席のままであったが、一二月一八日に八四歳の町田が総裁に就任した。高齢を理由に就任を固辞していた町田を口説いたのは、口説き上手な大麻であったという。しかし、別の見方もある。宇垣擁立派の斎藤に言わせれば、「町田氏も初めは固く辞退していたが、これは彼の老獪がしからしむるものであって、結局は心中喜んでこれを承諾した」（斎藤前掲書）ということになる。それでは、なぜ宇垣ではなく町田に決まったのかといえば、宇垣、町田の両派ともに総裁候補を譲らないので、進歩党としては資金をつくったものを総裁に選ぶということにしたが、このとき町田は宇垣を資金調達でしのいだからであった。その資金調達を担当したのが大麻で、大麻の依頼によって実際に資金提供をしたのが後の総理大臣、田中角栄であったともいう。大麻と田中の出会いは、政界進出を希望する田中が、同郷の塚田十一郎（吉田内閣で郵政大臣や自治庁長官、新潟県知事などを歴任）を通じて大麻へ衆議院出馬の協力を要請したことに始まる（大麻唯男伝記研究会『大麻唯男―伝記編』）。

自由党入りを嫌った犬養健

日本進歩党の総務会長となった犬養健は、日中戦争中には近衛文麿の側近として汪兆銘による南京政権樹立工作にかかわっていたことから、やはり近衛の側近でもあり、当時満鉄嘱託をしていたソ連のスパイ、ゾルゲ諜報団の尾崎秀実に、汪政権と日本政府の間で交わされた日華基本条約案およびその付属文書を貸与した。そのことが軍機保護法違反となり、一九四二（昭和一七）年五月に起訴されたが、無罪となり政界に復帰していた。

その旧政友会系の犬養が、鳩山の自由党には行かず進歩党に参加した経緯については、保利茂（戦後は労相、農相、衆議院議長を歴任）の回想録（『戦後政治の覚書』）に若干の関係する記述がある。すなわち、旧民政党とはあまり縁のなかった保利は、逆に鳩山が内閣書記官長だったころ新聞記者として足繁く出入りし、その人柄に尊敬と親しみを感じていたので、戦後は自由党に入党するつもりでいた。ところが、保利が農相秘書官として仕えた山崎達之輔から再考を促された。山崎は政友会のなかでは反鈴木の床次派であり、鳩山とは対立する立場にあったからである。そこで、思い直して犬養健に相談を持ちかける。すると、犬養は「鳩山さんの日本自由党に行くわけに行かないんだ」という。ということで、「結局二人で日本進歩党にいくことになった」。

本来なら犬養は政友会総裁の息子で、しかも、鳩山には恩義があった。保利の回想によると、父親の犬養毅が総裁に推戴された時期、政友会では鈴木派と床次派の争いがあり、犬養総裁をどちらが引きつけるかで競い合っていた。「そこで、将を射んとすれば、まず馬を射よで、犬養健氏の争奪戦が展開された。健氏を自家陣営中にするために鳩山さんが相当努力もし、また成功したと思われるフシがある」（保利前掲書）と保利は書いているが、既に触れたように、鳩山が同じ選挙区で犬養健を抱えて当選させたことが、恐らくその「努力」の一環であったのだろう。しかし、犬養は自由党へは行かなかった。「あとになってわかったことだが、お二人の間に私的な、何かトラブルがあり、そのトラブルたるや、なかなか越えがたい不信感を双方に植えつけていたらしい」（同）というが、そのトラブルの真相は分からない。このこじれた関係は両者の間にその後も長く続くことになる。

徹底抗戦派から保守左派へ

保守政党のなかで、最左派に位置する日本協同党が結成されたのは、自由党や進歩党の結成から少し遅れた一九四五（昭和二〇）年一二月一八日だった。この政党の結成に参加した船田中によれば、「戦時下産業組合を指導して来た千石興太郎（元農商務相—筆者注）や、北海道酪農の大家黒沢酉蔵、田園詩人といわれた吉植庄亮、徳川義親侯、赤城宗徳（自民党政調会長—原注）らの諸氏は、働く者の党を作ろう、それには農民と中小企業者を糾合して協同組合主義を綱領とする政党にしようということになった。そしてたまたま商工会議所の中心にいた私に参加を求めた」（船田中『青山閑話』）ということになった。この船田の回想からも分かるとおり、同党は協同組合主義という資本主義でも社会主義でもない立場を標榜するという特徴とともに、船田自身がそうであるように、参加者のなかには徹底抗戦派の旧護国同志会所属議員が多く含まれていたことも注目される。

伊藤隆氏によれば、結成当初の参加議員のなかには、船田のほかに赤城、中谷ら少なくとも八名の旧護国同志会所属議員がいたという（伊藤隆『昭和期の政治』）。わが国の保守政党の最左派の源流が、実は戦時中の徹底抗戦派であったという事実は興味深い。しかし、こうしたことから、同党は所属議員のうち二三名中二一名が公職追放にあって大打撃をうけた。船田もまた追放が予想されたことから、総選挙には京城帝国大学教授であった弟の亨二を身代わりに立てることになる（船田が弟と再び代議士を交代するのは、一九五二年の第二五回総選挙から）。

さて、日本協同党は戦後初の第二二回総選挙では、一〇〇名の候補者を立てたが当選者は一四名にとどまった。このなかには、のちに自民党副総裁となる二階堂進や、雑誌社・改造社社長の山本実彦などの名がある。山本は戦前に官憲から圧迫された雑誌社の社長ということで、同党の委員長になった。さらに、同党はその後、一九四六年五月に無所属や諸派の議員を加えて協同民主党と改称した。同党の幹事長を務めたのが、開戦前の日米交渉にあたった元大蔵官僚の井川忠雄で、のちに総理大臣となる三木武夫もこのときに参加した。三木は明治大学在学中にアメリカに留学し、帰国後同大学に再入学して三七年三月に卒業した翌月の第二〇回総選挙で徳島第二区から立候補して初当選を果たし、次の翼賛選挙では非推薦ながら再選している。学生から他の職業を経ずにストレート代議士となった、まさに「議会の子」なのである。日本協同党、協同民主党、国民協同党といった、いわゆる「保守傍流」には、個性的な人物が揃っている。

協同民主党はさらに翌年三月には、のちに片山哲内閣で国務大臣を務める笹森順造など三二名からなる国民党と合同して、所属議員七八名を擁する国民協同党となった。同党はまだこのとき四〇歳になったばかりの三木武夫を書記長にすえ、保守第三党の位置を確保した。

3　公職追放と党首交代

戦後初の総選挙を前に追放

敗戦のときの鈴木貫太郎内閣は、敗戦から二日後の八月一七日に皇族の東久邇宮稔彦(なるひこ)王内閣に交代した。この内閣には旧政党からは旧民政党系で日政会では幹事長をしていた松村謙三（厚相）と、中島知久平（商工相）が入閣していたが、その性格は議会とは関係なく成立した純然たる超然内閣であった。同内閣はわずか五〇日の短命に終わり、次いで一〇月九日組閣の大命をうけたのが戦前は親英米派として知られた幣原喜重郎だった。同内閣もまた議会に関係なく誕生した超然内閣だが、閣内には芦田均（厚相、旧政友会）、田中武雄（運輸相、旧民政党）、松村謙三（農相、旧民政党）、小笠原三九郎（商工相、旧政友会）ら旧政党人が加わっていた。この内閣の下で戦後二回目の第八九帝国議会が開かれ、一九四五（昭和二〇年）年一二月一八日に解散された。政府は翌年一月二二日に総選挙施行を決定するが、ＧＨＱ（連合国軍最高司令官総司令部）は延期を指令した。それは、表向きには改正選挙法を詳細に検討するためと説明されたが、実際には公職追放のためであった。

一九四六年一月四日、GHQは「好ましからざる人物の公職からの除去および排除」に関する覚書を発表した。追放該当者は、A項「戦争犯罪人」、B項「陸海軍職業軍人」、C項「極端な国家主義団体関係者」、D項「大政翼賛会・翼賛政治会・大日本政治会の有力人物」、E項「日本の膨張政策に関与した金融機関・開発会社の役員」、F項「占領地の行政長官」、G項「その他の軍国主義者および極端な国家主義者」であった。この追放が政界に与えた影響はきわめて大きく、幣原内閣の閣僚のうち、追放から免れそうなのは、幣原首相や、軍部から親英米派として要注意人物視されていた吉田茂外相、それに芦田厚相ぐらいだった。そのため、幣原はとりあえず改造で乗り切ることにした。

政府は公職追放の基準と範囲を定めた法令を作成し、さらに、楢橋渡(ならはしわたる)内閣書記官長を委員長とし、各省庁の事務次官を委員とする公職資格審査委員会を設置した。そして、翼賛選挙における「推薦議員」はすべてG項に該当すると決定したため、旧政会を母体として結成された日本進歩党は、現職議員二七四名中、資格審査をパスしたものはたった一四名にすぎず、町田忠治総裁、鶴見祐輔幹事長以下大部分が追放に該当した。また、自由党も四三名中一三名、社会党は一七名中七名、協同党は二三名中二名しかパスしなかった。

なお、官僚の場合、「公職」の範囲は当初「奏任官以上」とされていたものを、追放対象者を制限するために「勅任官以上」へと変更された。勅任官とは、今日のキャリア官僚を意味する高等官の一等と二等を指し、各省の局長以上がそれに相当した。また、奏任官とは高等官の三等から九等までを指す。したがって、旧政党人の多くが追放の憂き目にあったのに反して、追放された官僚は全体のごく一部でしかなく、のちに政界入りする池田勇人や佐藤栄作らが追放を免れたのも、このためであった。

戦後初めての第二二回総選挙は、一九四六年四月一〇日に行われた。この選挙は、それまでの中選挙区制から都道府県をそれぞれ一区（大きな県は二区に分けた）として行う大選挙区・制限連記制に変更され、議員定数が一〇名以下の選挙区では二名、一一名以上は三名の候補者名を記入するという方法がとられた。その結果、自由党一四〇名、進歩党九四名、社会党九三名、協同党一四名、共産党五名、諸派三八名、無所属八〇名が当選した。

この選挙では複数の候補者に票を投じるため、また、憲政史上初の婦人参政権実施の選挙であったため、全国で三九名（次の第二三回総選挙では一五名に減少）の女性議員が誕生した。そして、候補者のなかには、追放になった夫の身代わりで出馬したものも少なからずおり、たとえば、群馬選挙区（定数一〇名）の最上英子は、夫の最上政三（民政党、当選四回）の代わりに立候補し、第二位で当選した。彼女はその後の総選挙でも当選を果たし、さらに参議院議員を二期務めるなど女性議員の草分け的存在となった。

この総選挙では河野一郎と三木武吉のコンビが自由党を指揮したが、三木の活躍は水際立っており、河野によれば、「三木の爺さんの活躍には僕も目をむいた。総務会長としての取り裁きのうまさ、候補者の見分けや、地盤関係に関する判断の的確さ、時には候補者をおだて、時には叱り飛ばし、全く無経験な候補者には選挙のＡＢＣから教えるなど、まさに千手観音のような働きだった」（三木会『三木武吉』）と言う。ちなみに、ここで河野は三木のことを「総務会長」としており、また類書にもそのような記述が散見されるが、管見の及ぶ限りでは、この当時三木が総務会長を務めていた記録はない。

幣原首相の政権居座り

自由党は総選挙で第一党になったとはいえ、過半数にははるかに及ばない。しかも、まだ旧憲法の時代だったから、首相を決める国会指名は必要ない。そのかわり、首相の幣原が総辞職を奏上し、後継首班を天皇に奏請しなければ、新しい内閣は誕生しない。そこを利用して、幣原内閣は居座りを決め込んだ。そもそも、幣原は自由党の総裁となった鳩山が大嫌いだった。浜口内閣の外相だった幣原は、統帥権干犯問題で政友会の鳩山に散々攻撃されたのを忘れてはいなかったのである。

延命工作の中心は書記官長の楢橋で、幣原によって引き抜かれて同内閣の法制局長官（一九四六年一月まで）となるまでは、鳩山の側近だった人物である。鳩山政権の出現を快く思わないＧＳ（総司令部民政局）は、楢橋に軍政の可能性をちらつかせて事態収拾を働きかけた。これに応じた楢橋は、四月一一日、福岡の選挙区からの帰途、幣原内閣は総辞職せずと宣言し、進歩党を中心に小会派や無所属議員を糾合して政府与党をつくるための多数派工作に乗り出した。

幣原首相もまた、一七日の記者会見で、「自由、進歩、社会の三党連立等により、政治的な安定勢力ができ、憲法改正が順調に運ぶとの見通しがつかなければ、無責任に政権をなげ出すことは出来ない。若しも見通しがつけば直ちに挂冠する用意がある」（幣原平和財団編『幣原喜重郎』）と述べた。また、この日は楢橋の私邸において進歩党の斎藤隆夫総務会長と幣原の会談があり、幣原の進歩党入党申し入れがあった。事前に根回しがあったため最高幹部の一松定吉や犬養健らも即座に同意したので、幣原は首相のまま入党して追放された町田の後継総裁に就任することになった。しかし、これに対してマスコミなどは幣原内閣と進歩党の野合として反発を強めた。しかも、進歩党の提携相手と期待していた社会党が、進歩党を除く自由・協同・共産三党に呼びかけて幣原内閣打倒運動を展開するに至った。芦田厚相はこのような楢橋の動きを懸念していたが、代議士たちの倒閣熱にたまりかねて一九日には単独で辞表を提出し、二二日、幣原内閣もついに総辞職を決定した。

ところで、こうした混乱期には野心家が跳梁するもののようだ。西尾末広の自伝によれば、西尾と同郷（香川県）で戦前は蔵相をはじめ多くの大臣を歴任し、幣原内閣の閣僚（内相兼運輸相）でもあったベテラン政治家、三土忠造（同交会所属の宮脇長吉代議士の実兄）に、西尾と平野力三が私邸に招かれ「三土内閣ができる場合、社会党は協力してくれるかどうかについて、意見をきかれた」（西尾前掲書）という。しかし、古島一雄によれば、話は全く違ってくる。幣原の担ぎ出しに一役買った古島が、倒閣運動が展開されている最中、幣原に呼ばれて行くと、そこに三土がいて、「しきりに鳩山の悪口をいって」いた。そして、三土が立ち去ったあと、三土の来た用向きを聞くと、幣原は「『いやそれですよ、実は今、三土君が来ての話には、無産党が自分を総裁にして時局を収拾しようという話があるが、どんなものだろうかと相談に来たのだ』というので、僕は吹き出した」（古島前掲書）という。三土が西尾に話した「三土内閣」云々は、三土の自作自演劇だったのだろう。

次期内閣の形態については、自由党としては、自進社三党連立、とりわけ社会党との連立を重視して、河野幹事長が片山社会党書記長（結党当時は委員長空席、一九四六年九月から片山が委員長に就任）に執拗に協力を要請した。しかし、社会党内では、西尾や平野ら右派は好意的であったものの、加藤勘十、鈴木茂三郎などの左派を中心に社会党首班論が支配し、同党との連立工作は不調に終わった。そして、自由党は単独組閣し、社会党には閣外協力を求める方針に転換した。五月三日、幣原首相は次期首班に鳩山を奏請し、またＧＨＱに報告して承認を求めた。翌日には鳩山に組閣の大命が下るはずであった。

4 鳩山追放と吉田新総裁

「見せしめ」的な鳩山追放

五月四日、鳩山に下されたものは、組閣の大命ではなく、GHQによる追放の決定であった。鳩山の追放は、追放指令のG項に該当するもので、日本側の公職資格審査委員会の審査決定に対して、GHQが異議を唱えて日本政府に特定人物の追放を指令する、いわゆるメモランダムケースの実質的な第一号であったという。鳩山は、この日の日記に、「追放の内容全く意外の事実のみ。一言の説明の機会与へられずして三十余年の議会生活より追放され、組閣の機会を逸す」と、痛恨の思いを綴っている。組閣に着手した矢先のことだったので、さまざまな憶測を生んだが、ここでは、増田弘氏の研究（増田弘『政治家追放』）に依拠して、鳩山追放の背景を整理しておこう。

GSは、一九四五（昭和二〇）年一二月中旬の時点で、鳩山が戦前に田中内閣の書記官長として治安維持法改正に関わったこと、犬養・斎藤両内閣の文部大臣時代に学問の自由を抑圧したことなどを把握していたが、四六年一月の追放指令を鳩山に適用するには、その論拠がかなり薄弱であった。楢橋委員会も鳩山については「非該当」を決定していた。ところが、そのことで強気に転じた鳩山は、「反共声明」を発するなど、当時の容共的な社会の雰囲気からすると刺激的な言動が続いて国内外から猛反発を招いた。ここにいたって、GS内部では鳩山追放が検討されていった。ただし、四月の総選挙以降も、GSにとっては「鳩山首班」よりはましな幣原内閣が存続する余地が残されていたので、追放という強硬措置をとるまでもなかった。ところが、社会党が自由党と組んで幣原内閣を倒閣へと追い込んだため、幣原退陣後は「鳩山首班」以外になくなり、この時点で鳩山追放が決断されたという。鳩山の追放は、占領軍の意思に反逆するなら追放も辞さないという、多分に見せしめ的な政治性を伴っていた、と増田氏は言う。

ここで少し補足的説明が必要だろう。ひとつは、鳩山の文相時代の「学問の自由を抑圧」したという一件である。このうち特に問題になるのは、一九三三年の京都帝大法学部教授滝川幸辰（ゆきとき）の休職処分、いわゆる滝川事件のことである。鳩山はこのとき文相として、滝川の講演や著書『刑法読本』が共産主義的であるとして、京大総長を通じて辞職を勧告した。このため、滝川は休職処分となった。しかし、これに対して法学部教授会は学問の自由や大学の自治などを侵すものと、学部長以下全員が辞表を提出して抗議の意思を示した。この事件は鳩山の政治姿勢を評価するうえでデリケートな部分だが、伊藤隆氏は「この事件について鳩山が必ずしも主動的でなかったこと、治安維持法の存在する下で、大学の自由の限界を越えたものと認識していた」（伊藤隆『昭和期の政治「続」』）と指摘している。また、鳩山自身は「（滝川が）当時内務省が発売禁止にしている本の内容と同じことを教えているから免職した」（鳩山前掲書）と語っている。

もうひとつの「反共声明」については、一九四六年二月二二日に自由党本部が、「国民諸君は民主戦線の名に隠れて共産主義の爪牙を磨く虎視眈々たる事実を忘れてはならぬ」（鳩山前掲書）とする、反共連盟を提唱した声明を指す。この少し前、共産党の野坂参三が亡命先の中国延安から帰国し、「愛される共産党」を唱え、民主戦線を提唱した。また、労農派（非共産党左派）の山川均も民主人民連盟を呼びかけ、四六年一月二六日の野坂帰国歓迎国民大会は、さながら「民主人民戦線」の旗揚げ集会のようだった。このとき、会場には尾崎行雄からのメッセージが届き、また石橋湛山も世話人会に名を連ねるほどであったから、いかに一時的には人気を博したかがわかる。鳩山の「反共声明」はこれらに対抗して共産主義に対するはっきりした態度を示したものであるが、これによって、当時左翼的だったマスコミや共産党、ソ連などを刺激する結果となった。

歓迎されざる吉田新総裁

鳩山の代わりに自由党総裁に選ばれたのが、東久邇宮、幣原両内閣の外相吉田茂である。そもそも、吉田自身も一時期は公職追放の対象として、ＧＨＱ内では調査が進められていたと、米国立公文書館で秘密文書を閲覧・分析した春名幹男氏はいう。吉田は田中義一内閣の外務次官として、対中国強硬政策を決定した東方会議に深く関与していたからである。しかし、吉田はまた終戦工作にかかわり、憲兵隊に逮捕された事実もあり、これらの行動をあげてもみ消しを図ったのではないか、そしてＧＨＱの最高レベルの判断で追放が回避されたのではないか、と春名氏は推理する（春名幹男『秘密のファイル・CIAの対日工作』下)。いずれにしても、ここでは、吉田が総裁就任に到るまでの経過を整理しておこう。

河野の自伝によれば、概略は次のようになる。すなわち、追放された晩、鳩山邸には、急遽、鳩山、河野、辻嘉六と戦前からの鳩山派の松野鶴平が会合して善後策を練った。河野は総裁を自由党外から選ぶ必要を説いて、戦前、駐英大使や宮内大臣を務めた松平恒雄(会津藩主松平容保(かたもり)の四男。秩父宮妃の父)を推したが、鳩山が古島一雄を推したために河野も反対しなかった。しかし、古島には鳩山と松野が口説いたが断られた。このとき、古島は吉田を推したというが、やはり松平ということになって、辻と吉田からあらためて交渉することになった。そうしている間に、芦田が総裁就任の動きを見せ始め、松平などに総裁断念の工作を行ったので、それを知った河野が激怒し、両者の関係が悪くなった。

いっぽう、吉田は鳩山らの依頼によって松平を説得していたが、その最中に、松野が不意に吉田を訪問して、総裁になってくれと口説いた。鳩山も途中で松平から吉田に乗り換えて話が決まった。鳩山と吉田は、田中内閣の時代、書記官長と外務次官の立場にあり、その後も両者の間には往来があった。また、松野も当時内務政務次官であったので、三人の間には親交があった。この辺の経緯を河野は自伝で次のように書いている。すなわち、河野がその後の経過を鳩山に尋ねると、「君、松野という男は愉快なやつだね。あれから君らと別れてから(夜中の三時—原注)、塀を乗り越えて吉田のところにいったそうだ」という。松野は吉田のいる外務省官邸の高い塀を乗り越えて吉田を起こし、吉田・松野会談をしてきた。そして、さらに鳩山が言うには、「『君に松平が承知の返事をくれたそうだが、松平を総裁に迎えるなら、いっそ君が引受けてくれたらどうか。だんだん考えてみると、われわれが一面識もない松平より、君がやってくれる方がありがたい』松野君は吉田さんをこういって口説いた。そして、会談も終わるころ、吉田さんが、『せっかくそういってくれるなら、私も考えてみよう』といった」というのである。しかし、「私にしてみれば、松野は愉快なやつもないものだが、鳩山先生は、『河野君、松平の話は中止にしようじゃないか。君に異存がなければそうしたいんだ』と私にいわれる」。こうして新総裁は吉田に決まったが、結果的に後任選びから疎外された河野は、「強いていえば、古島、松野、吉田の間に、鳩山先生と私を抜きにして、どういう話があったかということは、疑えば疑う余地がある」(河野前掲書)と、不快感を示している。

さらに、そのとき、吉田が鳩山に示した有名な三条件、すなわち、吉田の回想録によれば、①金はないし、金作りもしないこと、②閣僚の選定には君(鳩山—筆者注)は口出しをしないこと、③嫌になったら何時でも投げ出すこと(吉田茂『回想十年』第一巻)についても、河野は後で知らされるが、吉田の「総裁になってやる」という態度には強い反感を抱くことになった。問題は、吉田が回想録で言及していない第四番目の条件の存在である。鳩山の回顧録には、三条件に加えて、「君のパージが解けたら直ぐ君にやって貰う、とこういって吉田君はこれを四カ条に書いて私のところに持って来た」（鳩山前掲書）とある。ただし、その肝心な文書は紛失してしまったともいう。なお、この後任総裁選びの一件で、河野と芦田の関係が悪くなったばかりか、河野と吉田の関係もかなり険悪になっていた。

かくして、五月一四日、吉田はまず総裁会長に就任し、次に五月一六日に組閣の大命が降下した。そして、二二日に第一次吉田内閣が成立した。吉田が自由党総裁に正式に就任したのは、それからおよそ三ヵ月も後の八月一八日の自由党大会においてであった。結党初期のメンバーには、政治の素人である吉田総裁はあまり歓迎されてはいなかったのである。

三木・河野の追放と大野新幹事長

結党直後の自由党は、三木と河野の二人によって仕切られていた。ところが、そのコンビを狙い撃ちするかのように、一九四六（昭和二一）年六月二〇日、二人に追放指令が発せられた。G項、すなわち、「軍国主義者・極端な国家主義者」に該当するというわけである。河野は七ヵ月余で幹事長の地位を追われたことになるが、三木にいたっては、この年の五月一六日第九〇帝国議会で衆議院議長に当選したばかりであった（政府部内で三木の追放が問題化すると、三木は五月一九日に議長就任の辞退と議員辞職を申し出ている）。河野の自伝には、財産税の設置問題で強硬な反対論を唱え、GHQの逆鱗にふれたことが二人の追放の動機であると記されているが、増田氏はGS文書にその形跡が見出せないことなどを理由に、河野の説には疑問を呈している。また、同氏の研究では、新首相となった吉田が、両者の追放に密かに関与したことを明らかにし、「吉田は自由党内に強固な基盤をもつ河野・三木を疎んじ、パージの渦中にあった三木をして衆院議長から斥け、吉田に通じる樋貝（詮三―筆者注）へと〝交替〟させたばかりか、逆に三木・河野のパージを〝促進〟したといえる」（増田前掲書）と指摘している。こうした吉田の狡猾な政敵抹殺のやり方を、世間では「Y項パージ」などと呼んだ。

そもそも、戦前からの政党政治家である三木や河野と、貴族趣味の外交官吉田とでは当然ながら反りが合わない。そのうえあくの強さと押しの強さにおいては彼らの右に出るものがない。のちの総理大臣、中曾根康弘は吉田と河野のことを評して、「国会の廊下を歩いて正面に向いてぶつかり合って風圧を感じたという政治家は吉田さんと河野さんだけ」と言い、また「すれ違う時に急行列車がすれ違うみたいな風圧を感じたね。人間の迫力というか、力を持っていたね」（自民党出版局編前掲書）とも述べている。追放がなくとも、吉田と三木、河野の衝突は必定だっただろう。しかし、この吉田の手の込んだやり方が、後に怨念に満ちた権力闘争の遠因になる。

河野の後任幹事長には、発足間もない吉田内閣の内務政務次官（内務省は一九四七年一二月に廃止）に就任していた大野と決まった。その時の経緯について大野は、一ヵ月前に追放になったばかりの鳩山が周囲をはばかりながら、「芦田君がしきりに食指を動かしている。僕は芦田君では心配だ。すまぬが君が引き受けてくれぬか」（大野①）と、電話で幹事長就任を依頼してきたことを明かしている。即諾した大野は、すぐに総務会で河野から後任に指名された。なお、幹事長に就任した大野は、副幹事長制を設け、山口喜久一郎（のち衆議院議長）と神田博（のち厚相）に委嘱した。ところが、大久保留次郎（元東京市長）がかつて東京市助役時代に懇意にしていた広川弘禅の起用を強硬に主張したため、大野は根負けして神田を広川と差し替えた。これが機縁となって、後に広川は吉田に取り入り、一時期は権勢をふるうことになる。

芦田の脱党と民主党結成

鳩山追放・吉田総裁就任受諾で振り出しに戻った組閣構想は、結局自由党と進歩党総裁としての幣原（一九四六年四月二二日に総裁就任）を閣内に含んだ自由・進歩両党の保守連立政権に落ち着いた。もともと協同・社会の二党を含めた四党連立が失敗しての二党連立だったが、折からの激しい労働攻勢をかわすため、吉田は社会党との連立を再び模索した。しかし、四次にわたって試みられた社会党との連立工作は、社会党左派の反対で実現しなかった。

いっぽう、社会党への連立工作と並行して、進歩党と国民協同党、自由党の合同の動きが進行していた。労働攻勢の最大の山場であった二・一ゼネストを自力で回避できなかった吉田内閣は、GHQによって政局収拾のための総選挙実施を指示されていたが、解散・総選挙前後の政局転換に備えた動きのなかで、保守合同の動きが加速された。

その頃、公職追放で打撃を受けた進歩党の若手議員の間では、修正資本主義の新綱領を採用し、党内民主化を進めるなど、総選挙向けにより革新的なイメージを求めていた。そして、幣原総裁に対して反発を強めていた若手が保守新党の党首にと擁立したのが、当時自由党政調会長だった芦田だった。芦田は、自由党内では大野幹事長や大久保総務と折り合いが悪く、また吉田総裁ともよくなかった。そもそも、芦田は河野とも性格が合わず、自由党結党大会の直前に参加を見合わせようとしたほどだが、安藤正純に説得されて翻意したという（小島徹三談、自由党出版局編前掲書）。ところが、参加してみると、「河野君の一派は極力私を排斥しつつあり、鳩山氏は全面的にそれを支持してゐる」有様であった。しかも、「河野は辻嘉六と称するラスプーチン型の策士と通じてゐる」（『芦田日記』一九四六年五月一一日条）と不快感を隠さない。この当時辻は自由党内で相当幅を利かせていたようで、石橋湛山の回想のなかにも、辻が石橋を副総裁にすると主張しているが、「ありがた迷惑」であると述べている箇所がある。もともとあまり辻と面識のない石橋は、「ある人が、辻という男は自由党のボスで、困ったものだと話してくれたことがあった」（石橋湛山『湛山回想』）とも述べている。

さらに、幹事長は河野から大野に代わったものの、芦田は「大野―大久保の線で自由主義政党の面目は相立たぬと感じ」（『芦田日記』四六年六月九日）て不満であった。そこで、進歩党側からの呼びかけに応じて、一九四七（昭和二二）年三月二三日に一人で自由党を脱党、三月三一日に結成された民主党に参加した。

芦田が三月二三日に自由党を去る際の代議士会での模様は、その日記に次のように記されている。すなわち、「自由党同僚の情誼と支援とを謝して言葉を結んだ時には、大野幹事長を皮切りとして数名の拍手が起った。北君が起上って、芦田君に訣別の言葉を贈ると前置して斎藤事件や同交会に於ける私の役割を談り、『党の創立者たる芦田君が脱党するのは遺憾である』と結んだ。私は涙乍らに起って北君と握手して、部屋を去った」。大野も北昤吉も同交会以来の同志であったが、もはや戦中期の紐帯は、目前に展開する現実の前には非力であった。

民主党は所属議員総勢一四五名のうち、自由党からは芦田のほかに九名が合流し、国民協同党からも一五名が加わった。結党当初は総裁を設けず、芦田など七名の最高総務委員の集団指導体制とし、幣原は最高顧問となった。芦田が民主党総裁となるのは、総選挙後の五月一八日のことだった。

5　中道政権と保守政党

民主党分裂と民主自由党結成

一九四七（昭和二二）年四月二五日に行われた第二三回総選挙の結果は、社会党一四三、自由党一三一、民主党一二六、国民協同党三一、共産党四、諸派一八、無所属一三となった。吉田首相としては、政権を社会党に引き渡すことに決めていたという。しかし、自由党が社会党と連立するのか、下野するのかは未定であった。そこへ社会党から社会・民主両党との連立への参加が要請される。早速自由党は幹部会を開いて協議した結果、まず、政策協定を結ぶことが連立政権参加を決める前提条件であるとして、国協党も加えた四党代表会談が開かれた。ここで大野幹事長は社会党に対して、ソ連と通じる疑念のある左派を切ることを要求して社会党書記長の西尾を困らせた。

この時の大野の西尾評が興味深い。大野は「この交渉を通じ、西尾君とは親しく接したわけだが、『社会党きっての人物』との印象を深くした」と述べている。というのは、社会党の内部に干渉するような左派排除の「無理難題」に西尾は怒りを見せもせず、ひとまず官僚あがりの吉田のせいにしておいたうえで、「政党政治家として、左派を切るわけにいかないことぐらいは、党人育ちの大野さんは百も承知でしょう。政党の運営で苦労してこられたあなたがぜひひと肌ぬいで下さい」と持ち上げた。大野は「吉田さんは外務官僚で話のわからないのは当然、党人育ちのお前に私の苦労のわからぬわけがない——といった論法で私を説得する。その腕前たるや、ねばりもあり人の心をそらさない点で、一流だった。革新陣営で彼の右に出る現実政治家は、ちょっと見当らないとこのとき思った」（大野①）とも述べている。

蛇足ながら、この時の総選挙まで、吉田は衆議院に議席を持っていなかった。旧憲法下では貴族院に勅撰議員として議席を占めていたのである。そのため、吉田は実父竹内綱が代議士に選出されていた高知県を選挙区とすることに決めていた。ところが、吉田の回想によれば、選挙のため吉田が高知へ行く途中、追放中の三木が待ち受けていて、「少し名高くなると足を引っぱる」県民性のある土佐は止めて、香川の自分の選挙区を提供する、と申し出たという（吉田前掲書）。吉田は三木の好意に感謝しながらも、やはり高知（全県一区）から出馬した。

この当時は、いくら吉田が現職の総理大臣とはいっても、旧来の保守政党の地盤を無視しては選挙に出られないものだったらしい。実父の竹内綱（吉田茂は横浜の貿易商吉田健三の養子になった）が選挙に出ていたのは、一九〇三（明治三六）年の第八回総選挙までである。したがってすでに地盤は消滅していたので、又従兄弟で第一次吉田内閣の書記官長だった林譲治が、第一九回まで高知第一区（戦後に全県一区となる）から出ていた田村実（政友会）の息子で高知県議田村良平に父親の地盤を貸すように頼んだ。良平もこの亡父の地盤を使って四七年選挙に出馬しようと準備を進めていたが、林の依頼で立候補を断念する（石川真澄『戦後政治構造史』）。吉田が最後に出馬したのは六〇年の第二九回総選挙だが、以後第三〇回総選挙（六三年）からは吉田に代わって良平が衆議院に出ている。

次期政権の在り方について、自由党では一部幹部の下野反対論を抑えて、吉田の主張が受け入れられた。いっぽう、民主党は連立のあり方をめぐって、自由・民主連立を志向する幣原派と、社会・民主連立を主張する芦田派に意見が分かれたが、結局、芦田派が勝って社会党との連立を決定した。社会党の片山委員長を首班とする社会・民主・国協三党の連立内閣は、首班指名から九日もたった六月一日に成立した。民主党総裁の芦田は外務大臣、国協党書記長の三木武夫は逓信大臣となった。

ＧＳの意向に添った形で誕生した社会党政権とはいえ、連立の内部に保守派を抱えた片山内閣が、社会主義的政策を実行するのはかなり困難だった。そのなかでも唯一社会主義的な政策として取り組んだのが炭鉱国家管理であった。そもそも重要産業国有化を主張する社会党は、五月に合意した四党政策協定で炭鉱国有化から国家管理に後退させられていたが、炭鉱主の猛反対を背景にした自由党は、八月一九日、炭鉱国管法案反対で「純野党」宣言を発し、四党政策協定の破棄を通告した。また、民主党も一一月二五日の衆議院本会議採決の際、幣原派二四名は反対票を投じ、さらに二八日、幣原ら二二名が脱党して同志クラブを結成した。このなかには、田中角栄や衆議院議長となった原健三郎がいる。そもそも、民主党の選挙目当ての左旋回には、最初から無理があったといえよう。結局、片山内閣は社会党左派の反乱にあって、一九四八年二月一〇日、総辞職を余儀なくされた。

片山内閣が倒れたあと、吉田は憲政常道論に立って、野党第一党の自由党に政権を引き渡すべきだと主張した。民主党脱党組の同志クラブや民主党右派中堅議員で組織された太陽会などがそれを支持したが、壮絶な多数派工作に勝った社会、民主、国協の三党は、連立の枠組みをそのままにして、首相を民主党の芦田に替えた。だが、衆議院では芦田が、参議院では吉田が首相に指名され、両院協議会が開かれたがまとまらず、新憲法の衆議院優越の原則に従って芦田に落ち着くという際どい勝利だった。片山後継を争う多数派工作のなかで、民主党からさらに斎藤隆夫らが脱党、同志クラブと合流して、三六名をもって民主クラブを結成し、これが自由党と合同して、三月一五日、民主自由党を結成した。同党は所属議員一五二名を擁して第一党になった。なお、このとき幹事長は帝国議会最後の衆議院議長であった山崎猛に替わり、大野は党顧問となった。

昭電疑獄で大野失脚

政権基盤の弱い芦田内閣を、西尾末広副総理の土建業者献金問題が、続いて昭和電工事件（昭電疑獄）が直撃した。経済復興に不可欠な資金を重点産業に融資する機関として一九四七（昭和二二）年一月に設立された復興金融金庫から昭電の融資をめぐって、贈収賄がなされたとの疑いが生じた。これに関連して、日野原節三昭電社長、福田赳夫大蔵省主計局長、大野民自党顧問、栗栖赳夫経済安定本部長官が逮捕され、ついに西尾まで逮捕されるにいたって芦田内閣は四八年一〇月七日に総辞職した。しかし、西尾や大野、それに後に首相となる福田らは、いずれも無罪となり、芦田も辞職後に逮捕されたが、無罪となった。結局、政治家で有罪になったのは、栗栖だけだった。

この事件で西尾が失脚したことにより、社会党右派は大きな打撃を受けた。西尾は一審では有罪となったものの、二審は無罪になった。しかし、この事件で起訴されたために、西尾のその後の政治活動には重大な支障をきたし、右派自体も大野をして「社会党きっての人物」と言わしめた西尾という支柱的存在を失って影響力を大幅に後退させた。

社会党は芦田内閣崩壊後の一九四九年一月に行われた第二四回総選挙で四八名へと議席を激減させてしまい、この敗北をうけた四月の第四回社会党大会では、左派の推す鈴木茂三郎が右派の浅沼稲次郎を破って書記長に当選した。さらに、この大会で決定した四九年度運動方針では、連立内閣が「われわれの力を強めないで、敵の力を強めたこと、日本の民主主義革命——社会主義革命という究極の目的から見るならば、それは明らかにマイナスであった」(『資料日本社会党四十年史』)と総括している。昭電疑獄はその後の保守・中道による連立政権の可能性を大きく損ねたといえよう。

ところで、この事件については、G2(総司令部参謀第二部)がGS—芦田ラインの追い落しを謀ったものとの見方が通説的理解だが、だとすれば、G2側に立つ民自党の大野が逮捕されるのは理屈に合わない。大野の容疑は、元農林次官の重政誠之から、「昭電事件に対する国会追及の手心を加えてほしいとの請託を受け多額の現金を受けとったというもの」(田中二郎他編『戦後政治裁判史録　第一巻』)であるが、この事件を倒閣運動に利用しようとした民自党への、GS側の反撃とみる向きもある。たとえば、自由党機関誌『再建』の編集主幹で、法廷に大野側証人として立った渡部政雄氏は、「GSは、こうした攻撃(芦田内閣への—筆者注)を中止させるためには、自由党の中心人物である大野幹事長の動きを止めさせるにしかずと判断したのだ。だから検察局を動かして、逮捕させたのが真相である」(『エコノミスト』六五巻七号)と述べている。

いずれにしても、大野は一九五一年一月一〇日に最高裁で無罪を勝ち取るまで逼塞を強いられ、四九年一月の第二四回総選挙では、当時の広川幹事長から党公認が得られず、無所属で出馬している。

しかし、また、大野の側近であった神田博によれば、大野派結成の機縁となったのはこの昭電疑獄で、「大野さんの無実を信じ、冤罪を雪ごうとして、私と村上勇君、有田二郎君の所謂大野三羽烏が発起人となり、これに水田三喜男氏、塚田十一郎氏が加わってグループを作り、活動したのがきっかけとなり、後に大野さんを中心とする大野派の誕生を見るに至った」(追想録刊行会『大野伴睦――小伝と追想記』)と述べている。

謀略的な「山崎首班」と党人派

芦田内閣の倒壊が必至となるや、GSは再び吉田首班阻止の謀略に乗り出した。民自党副幹事長の山口喜久一郎は、GSに呼び出されて、そこで、ホイットニー、ケーディス、ウィリアムズらから、吉田は首相として好ましくないので、民自党内閣実現のためには、吉田の棚上げが必要と伝えられた。いま一人の副幹事長は吉田一辺倒の広川であったから、山口が吉田排除の役を負わされたわけである。山口は筆頭総務の星島二郎や山崎猛幹事長と相談し、これが山崎を首班とする四党連立構想へと発展していく。芦田の日記(一九四八年三月三日条)には、芦田内閣成立の直前にも、自由党内では山崎を総裁に担ぐ動きがあったことが記されている。山崎首班構想はGSに指示されるまでもなく、すでに自由党の底流にあったのだろう。

いっぽう、民主党では芦田派が山崎首班を支持し、犬養健の率いる太陽会は吉田首班を支持したものの、次第に党の大勢は山崎首班に傾いていった。苦境に立った民自党は、副幹事長の広川が山崎とは一九二〇(大正九)年の同期当選組として親しい益谷秀次に頼み、山崎に謀略に加担しないよう諭してもらった。そして、ついに山崎は議員辞職を決意する。新憲法下では、議員でなければ首班指名を受ける資格がないから、山崎担ぎ出しの動きはこれで終わった。それでも民主党内では、依然として吉田首班に対する抵抗感が強く、首班指名直前の代議士会では、「白票」「吉田首班」「三木武夫首班」の三案が議論された。このとき、無記名投票にかけると、「三木」四〇票、「吉田」三五票。そこで、「三木」か「白票」かを挙手ではかったら、「白票がもっとも優勢」（『芦田日記』一〇月一四日条）だった。こうして結局「白票」に決定したが、「『あのとき、ちょっと油断したら三木首班になった』と当時すでに同志クラブ（幣原派）から民自党入りしていた田中角栄氏（後、自民党幹事長―原注）は、後年語っている」（宮崎吉政『実録政界二十五年』）。

この幻に終わった山崎首班騒ぎが起こる少し前、七月二一日、吉田は官僚出身者を招いて懇談し、入党要請を行った。そして即日、二八名に上る官僚出身者の一斉入党を発表している。そのなかには、佐藤栄作（運輸次官）や池田勇人（大蔵次官）の名もみられる。吉田は党人派とはなじまなかった。反吉田の多い党内で自前の勢力を形成するには、官僚を利用する以外になかったのである。いっぽう、古参の政党政治家であった山崎を山口や星島がＧＳの示唆によって芦田後継として擁立したことについて、三谷太一郎氏は「一つは党のリーダーシップが党歴の浅い官僚出身者へ移行していくことに対する党人派の危機感が働いていたと解するべきであろう」（犬童一男他『戦後デモクラシーの成立』）と指摘している。

6　堂人派と官僚派

「和尚」広川弘禅の台頭

結党当時の自由党を支えた三木と河野が追放され、政党運営には素人の吉田が総裁に就任したため、党内では追放を免れたベテラン党人政治家が、しばらくは主導権を握ることになった。しかし、幹事長の大野や、林、益谷ら自由党の「御三家」といわれる政治家たちはもともと鳩山直系だったので、吉田にしてみればやりにくかったに違いない。幹事長就任の挨拶のため吉田邸に赴いた大野は、そこで吉田に「お断りしておきますが、私は鳩山一郎の直系ですから、総裁の子分になるわけには参りません」（大野①）と啖呵を切っている。そもそも、院外団出身の大野と、外交官出身で貴族趣味の吉田とでは、肌合いが違いすぎる。

その大野も民自党結成を契機に幹事長を山崎へと譲り、昭電疑獄で逼塞を余儀なくされた。さらに、山崎首班問題で山崎が一九四八（昭和二三）年一〇月一四日に議員辞職すると、後任幹事長におさまったのが、この問題で吉田の急場を救った広川副幹事長だった。党人派でありながら鳩山直系ではないことが、吉田に重用された理由のひとつだろう。

この広川の経歴は実に異色に富んでいる。二〇代前半では東京市電自治会という労働組合の役員として、後に社会党代議士となる島上善五郎らと組合活動を行い、二六歳のとき世田谷町会議員に無産党系から立候補し当選した。これを振り出しに、東京市会議員、府会議員と進んで、四〇年一〇月の補欠選挙で衆議院議員に当選した。市会議員のときから政友会に所属したが、衆議院議員になったとき、すでに政党は解散していた。そして、その次の翼賛選挙では非推薦で落選し、戦後初の総選挙でも次点で落選した。ところが、最下位当選者が法定得票数に達しなかったため、再選挙となって議席を得た。かなり強運の持ち主といえるが、中道政権自滅で民自党勝利が予想された四九年一月施行の第二四回総選挙で幹事長として采配をふるうことができたのも、広川にとっては幸運だった。広川は曹洞宗僧侶であるため、政界では「和尚（おしょう）」と呼ばれていた。また、大政党の幹事長をしながら、地元では小売酒屋と学校法人も経営していた。

ところで、幹事長となった広川は、朝起きるとすぐ吉田の目黒の公邸に自転車でとんでいって、吉田が起きてくるのを待った。そして、党務に関心の薄い吉田と、他の政治家を仲介することで影響力を強めた。大臣や政務次官、委員長の人事は一時期吉田に代わって広川が一人で仕切っていたという。そのような事情から、第二次吉田内閣の閣僚選考に際しては、かなりいい加減な人事も行われた。その代表例が、院内で泥酔した挙句、女性議員の顎に噛み付いて議員辞職するはめになった泉山三六だろう。組閣当時まだ当選一回だった泉山は、かつて三井銀行で池田成彬の秘書だったという程度の理由で大蔵大臣に抜擢された。そのため、本人も広川から「大蔵」と耳打ちされて、最後まで「大蔵政務次官」とばかり思っていたという（細川隆元『昭和人物史――政治と人脈』）。

この広川が短期間に「実力者」にのし上がった理由について、広川の下で副幹事長を務めた木村公平は、「大臣、政務次官になろうと思っても、委員長になろうと思っても、やはり広川が、直接吉田に云うより方法はないし、吉田はそんな事はとり合わないから、結局は広川に話せば、話は大体つくということで、広川の力は、めっぽう強くなって行って、衆参両院三百名の中で、広川になんらかの形で、借り方になっている者は二百人の上（ママ）あったのではなかろうか」（刊行委員会編『追想の広川弘禅』）と述べている。広川幹事長の家の周りは、訪問する客の自動車で文字通り門前市をなす状態であったという。

官僚出身者の大量当選

第二次吉田内閣は一九四八（昭和二三）年一〇月一九日に成立したが、与党民自党は衆議院で一五一議席しかない少数与党内閣だった。このため、吉田は解散を急いだが、不利が目に見えている野党はこれを出来る限り引き延ばしたい。そこへ野党に肩入れするGSは、憲法第六九条の内閣不信任による解散以外にないことを主張し、憲法第七条による首相の解散権を封じ込めようとした。結局、与野党の話し合いで、不信任案提出による六九条解散の形式をとることになった。世に言う「馴れ合い解散」である。四九年一月に行われた第二四回総選挙の結果は、民自党の圧勝であった。候補者を前回より約一〇〇名ほど多く擁立した民自党は、二六四名を獲て戦後初めて単独で過半数を占める政党となった。これに対し、民主、社会、国協の三党は議席を大幅に減らした。

前述のように、吉田総裁は人材補給のため一年前の七月に官僚を大量入党させ、その大部分がこの選挙で当選した。その顔ぶれは、佐藤や、池田のほかに、岡崎勝男（外務次官）、吉武恵市（労働次官）、橋本龍伍（内閣官房次長、橋本龍太郎元総理の父）、大橋武夫（戦災復興院次長）、前尾繁三郎（大蔵省主税局長）、西村英一（運輸省電気局長）などである。このうち、二月一六日に成立する第三次吉田内閣期には、佐藤が民自党の政調会長、池田が蔵相、岡崎は外相、吉武は労相・厚相、橋本は厚相といった具合に、いずれも四〇代から五〇代前半の一年生議員であるにもかかわらず重用された。これに対し、大野や植原悦二郎らは、官僚出身者や広川のような新参党人派を重く用いた吉田の人事に反発を強めた。

なお、第三次吉田内閣の発足に当たって吉田は、経済復興と講和という国家的課題を実現するため、政権基盤の一層の強化をねらって民主党に保守連携を呼びかけた。民主党では昭電疑獄によって芦田から犬養に総裁が交代していたが、犬養派が連立の呼びかけに応じたのに対し、芦田ら反犬養派は野党にとどまることを主張した。結局、犬養派から二名が入閣し、同内閣は民自党と民主党連立派による保守連立政権となった。しかし、このため、民主党は犬養をはじめ保利茂、小坂善太郎ら連立派と、芦田、中曾根康弘ら野党派に分裂。吉田は引き続き連立派に合同を呼びかけるが、民自党の内部でも幣原一派や大野一派が抵抗し、合同は難航した。幣原は芦田と民主党総裁を争った際、犬養が芦田を推したことに不快の念を抱いていたし、前に触れたように大野は犬養が戦前鳩山の恩顧をこうむりながら、戦後鳩山の自由党に入党しなかったことに反感を持っていたからである。

この点については、直接大野の一文を引用しよう。大野は犬養の行動を次のように批判して言う。「幣原さんに代って、芦田氏をむかえる陰謀を起し、遂にその野望を達した。そして幣原さんを名誉総裁という事で棚上げしてしまい、芦田氏をむかえた。その芦田氏が昭和電工事件で失脚するや、これ亦弊履のごとく捨てて、自ら総裁をかち得た。その総裁の椅子をかち得て今度は選挙の結果が思わしくないと自由党に合同を申込んで来る。こういった政党的前歴のある人、好ましくない前歴のある人が新春にあたって突如として自由党に入党を申込んで来たので、私共は啞然とし、愕然として総務会において、僕自身も、犬養君の入党に絶対反対の意思を表明したわけだ」（大野伴睦『伴睦放談』＝大野②）。

そこで、民自党は犬養だけを切り離して無所属とし、他の連立派二二名を迎えて、一九五〇年三月一日、党名を「自由党」とした（犬養は五一年二月に入党）。所属議員は二八八名。いっぽう、民主党野党派は国民協同党、新政治協議会などとともに、五〇年四月二八日、六七名で新たに国民民主党を結成した。最高委員長に苫米地義三、幹事長には千葉三郎が就任した。

追放解除と鳩山の活動再開

追放解除は講和をまたずに始まった。一九五〇（昭和二五）年一〇月一三日に解除された一万九〇名のなかには、鳩山直系の大久保、安藤、石井光次郎らが含まれていた。また、翌五一年六月二〇日には、石橋湛山、三木、河野ら二九五八名、八月六日には鳩山ら一万三九〇四名が解除になった。吉田は占領軍の権力を背景に持ち、第二四回総選挙以降は衆議院で過半数の議席をもっていたので、反吉田勢力に付け入る余地を与えなかった。さらに、第三次吉田内閣では官僚出身者が多数重用され、逆に大野や植原ら旧鳩山派党人は封じ込められていた。そこへ、追放解除組という心強い援軍が加わって、反吉田勢力は吉田自由党に揺さぶりをかけることになる。

追放解除を目前にした一九五一年六月一一日、文京区音羽の鳩山邸別館に旧鳩山派の幹部が集まった。鳩山、三木、安藤、大野、石井、大久保、河野、牧野良三、それに政治評論家の岩淵辰雄といった顔ぶれである。解除後の政治行動について、安藤や大久保が自由党復帰を主張したのに対し、三木は、今の自由党は創立した時とは、似ても似つかぬものとなってしまったと断じ、さらに、「アメリカの支配に屈し、吉田という政治を解しない外交官にリードされ、われわれが帰ったところで、独立日本にふさわしい政治などやれるものではない。いわんや、吉田は単に留守を預かるだけだと自分の方から再三いいながら、今ではその上にアグラをかいて元に還そうという気などない。それは彼の行動を見れば分かる。この際われわれとしては居催促のような醜態を示すべきではなく、進んで新らしい理想の政党をつくるべきだ。容易なことではないが、努力すれば必ず出来る」（三木会前掲書）と反論した。

ちなみに、この主張のなかに、その後の三木の保守合同構想の原型、すなわち、吉田の経済重点主義、対米協調主義に対して、憲法改正・再軍備など反吉田政治を目指した新党結成の方向を窺うことができる。この場では、石井など数名から三木の新党論に対して反対論が出たものの、最後に鳩山が三木の説を支持したので議論は打ち切りとなり、鳩山は用便に立った。そして、脳溢血で倒れた。

鳩山が倒れたため、三木、河野らはとりあえず自由党に復帰し、吉田に総裁の地位を鳩山に返すよう申し入れた。しかし、吉田は、まったく取り合わない。後に吉田は、「鳩山君の病軀よく独立再建の国務に堪え得るや、重責に堪ゆるの明かならざる限り、私として党総裁および総理大臣の重責に鳩山君を推挙するのは、情誼はともかく、総理大臣として無責任であると感じ、これを躊躇せざるを得なかった。私は鳩山君を推挙せざりしことを今尚妥当であると信ずる」（吉田前掲書）と述べているが、升味準之輔氏はこの弁明について、「吉田は、『現下の状況では』憲法改正も再軍備も不可能、不必要としていたが、鳩山がそれに反する迎合的な意見をもってアメリカに接近し、三木や河野に擁されて政権の奪還をはかろうとしていることに、侮辱と憤りを感じたにちがいない」とし、「おそらく病軀とは関係のない感情がこの語勢を激しくしているのであろう」（升味準之輔『戦後政治　一九四五―五五』）と分析している。ここで、升味氏が「アメリカに接近し」というのは、鳩山が倒れる前の二月六日、来日したダレス特使に会って、再軍備に賛意を示した意見書を渡したことを指している。

鳩山の発病以来、鳩山派首脳がはじめて会合したのは、それから半年後の一九五二年一月八日のことだった。鳩山邸には、旅行中の大野、石橋、益谷を除く、鳩山、大久保、河野、三木、安藤、牧野、植原、星島、北昤吉、石井、平塚常次郎、林の十数名が集まった。この日は、鳩山の政治活動はあくまで自由党を基盤にして行うことを決めて散会したが、事実上は鳩山総裁擁立へ向けての第一歩となった。

前田・大麻の政界復帰と改進党結成

前田米蔵と大麻唯男は、一九五一（昭和二六）年八月六日に鳩山らと同時に追放を解除された。二人のうち、前田は田中義一内閣で法制局長官として枢密院を相手に不戦条約問題など外交問題で苦労をしたが、このときの外務次官が吉田茂だったことから次第に両者は懇意になり、追放解除後は吉田から自由党入りを勧められるとこれに応じた。いっぽう、前田の盟友であった大麻もまた吉田との関係は悪くはなく、吉田も自由党と民主党の橋渡し役を期待して大麻に入党を勧めた。しかし、もともと大麻は民政党出身であり、また選挙区の熊本第一区でライバルの松野鶴平の身代わりに子息の頼三が自由党から衆議院に出ていたこともあって、大麻は自由党に入党せず、とりあえず松村謙三らと旧民政党系の追放解除者によって結成された民政旧友会（のちに新政クラブ）に結集した。

さらに、この新政クラブが国民民主党と合同して、一九五二年二月八日に結成されたのが改進党である。国民民主党は、五〇年四月に国民協同党と民主党野党派が合同してできた。国民協同党は四七年三月に三木武夫を書記長として結成された中間勢力で、協同組合主義や労使協調などを標榜し、片山・芦田両連立内閣に参加した。

以上の経緯からも分かるように、改進党内には三木武夫をはじめとする革新的な勢力と、そのいっぽうでは、大麻らの保守的な追放解除組などさまざまな勢力を抱え込んでしまった。そのため、結党時に党首が決まらず、約四ヵ月後の六月一三日になって元外交官の重光葵(まもる)が党総裁に就任した。重光は政党政治家としての経験がまったくなく、それも三月二四日に追放を解かれたばかりであった。

重光については、東久邇宮内閣の外務大臣として戦艦ミズーリ号艦上で降伏文書に調印する光景が思い出されるが、戦前には駐ソ大使、駐英大使、そして一九四三年四月の東条改造内閣、小磯国昭内閣において外務大臣を務めた外交界の重鎮であった。A級戦犯として逮捕・起訴され極東国際軍事裁判では禁固七年の判決をうけ、また公職追放にあったが、五一年一一月に釈放された。こうした錚々たる経歴から改進党幹部たちは重光に白羽の矢をたてたのであろう。もっとも、政党運営の手腕についてはまったくの未知数だが、かえってこれまで政党の離合集散にかかわってこなかったことで、党内の派閥対立に超然とできた。

松村謙三はその回顧録のなかで、重光担ぎ出しの張本人は松村自身であったと記している。かつて翼賛政治会の政務調査会長として、また大日本政治会の幹事長として重光外相と接触・交際のあった松村は、重光の人物に感じ入っていた。そこで重光に総裁就任の了解をとりつけるため、胆石治療で入院中の病院を抜け出して重光のいる鎌倉まで自動車を走らせた。「いくらことばを尽くし熱心に説いても、重光氏はうんと言わないので、よく考えておいてくれ、と私は辞去したが、間もなく病院に親書を寄せられ、万事おまかせする——という承諾の意思がとどけられた」(松村謙三『三代回顧録』)という。

いっぽう、大麻も重光担ぎ出しに関わっていた。二人の交流もまた東条改造内閣のもとでの外相と国務大臣として始まり、五〇年一一月に重光が仮釈放になり鎌倉の自宅に引きこもっている間、同じく鎌倉に居を構えていた大麻との間で旧交が復活したという。大麻は重光の追放解除が内定した五二年三月一四日の翌日には外相時代の秘書官加瀬俊一とともに重光を訪れて、重光の政界復帰の際には一致行動すべき盟約を結んだ(大麻前掲伝記)。松村、大麻ら旧民政党の追放組は、追放を解かれたばかりの岸信介の一派も秋波を送っていた重光に自分たちの復権をかけることになった。以後、大麻は重光の政界における指南役となっていく。

三　講和後の政党政治家

1　反吉田連合の形成

「福永幹事長」に失敗した吉田

自由党幹事長は、結党時の河野から大野、山崎（民自党）、広川（民自党）へと代わり、一九五〇（昭和二五）年四月の三役改選で広川から佐藤栄作に交代した。幹事長を辞任した広川は、その直後の内閣改造で農林大臣に就任している。さらに、翌五一年五月の三役改選で佐藤は増田甲子七（かねしち）に交代した。増田は内務省出身で、終戦直後の北海道長官在任中、北海道石炭ストを解決したことで吉田首相に認められ、第一次吉田内閣改造の際、衆議院に議席のないまま運輸大臣に抜擢された。衆議院議員としては佐藤らよりは一足先の第二三回総選挙で初当選した官僚派である。この時、農相の広川は総務会長に就任し、同年一二月には再び農相に復帰している。

さて、衆議院議員の任期を残すところ一年となった一九五二年一月、広川派の一部は三役の改選を主張した。その狙いは、同じ吉田系でありながら、広川と折り合いの悪い増田幹事長の更迭である。幹事長は党と政府の人事、党財政の一切を握り、大臣の推薦から議員候補者の公認決定にまでその権限が及ぶ。したがって、広川派としては、増田幹事長のもとで選挙を行うと党内の主導権を増田に握られるとの危険を感じて、広川の影響下にある人物を幹事長にすえようとした。

増田を吉田に幹事長に推薦した吉田の女婿で衆院議員の麻生太賀吉（麻生太郎衆院議員の父）から、広川とうまくやってくれと念をおされた増田は、「私のほうは努めてみますよ。しかし広川君は学もないくせに、権力のかたまりのような男です。仏様は拝んでいるが経文なんかもろくに知りもしない。吉田さんはゴマ化されているが、ああいう輩を信用したことは、吉田さんの歴史としては暗いページです」（増田甲子七『増田甲子七回想録』）とまで言い切ったぐらいだから、両者はよほどウマが合わなかったのだろう。

その増田は、一時は吉田から後継者と持ち上げられていたが、次第に吉田から疎んじられるようになり、幹事長職にも嫌気がさしていた。増田の幹事長としての任期切れが近づいてくると、吉田は後任に又従兄弟にあたる林譲治を考えたが、林は衆議院議長の地位にあり、党の都合で辞めることはできないと固辞し、次に吉田が指名したのが、一年生議員で四〇歳の福永健司であった。福永は戦前には片倉製糸紡績工業の総務部長などを務め、一九四九年の第二四回総選挙から衆議院に出ていたが、麻生のマージャン仲間という関係から吉田側近のひとりとなっていた（後藤基夫他『戦後保守政治の軌跡』）。これには、鳩山派などが「側近人事」として強く反発し、また、議院運営委員長の石田博英や国会対策委員長の倉石忠雄も、福永に国会運営の仕方を直接指導した先輩であることから強く反対した。いっぽう、広川派は福永を推し、次第に次期主導権を争う鳩山系と吉田系の衝突が表面化してきた。

七月一日の両院議員総会では、反福永派が福永承認について記名投票を要求して、ついに乱闘騒ぎとなった。結局、この議員総会は何も決められず、混乱のうちに流会となった。初めて自分の人事権に横槍を入れられ、統制力の低下を見せつけられた吉田にしてみれば大変な屈辱で、院内の総理大臣室に両院議員総会長の大屋晋三を呼びつけ、激怒して、「葉巻に火をつけたマッチ棒を大屋君に投げつける一幕」（増田〈甲〉前掲書）もあったという。

その後、事態を憂慮した益谷総務会長ら党長老議員たちによって収拾工作がすすめられた。会期末にむけて、警察法改正など重要法案の成立がかかっていたため、吉田もこれ以上福永にこだわることができなくなっていた。そのため、衆議院議員の林が幹事長就任を受諾して事態は収まり、八月一日の議員総会で決着した。吉田の権勢は確実に後退していたのである。

「抜き打ち解散」と分裂選挙

「福永幹事長」に失敗した吉田は、反吉田勢力の動きを封じるために、一九五二（昭和二七）年八月二八日、初めて憲法第七条によって衆議院を突如解散した。これは、「抜き打ち解散」と呼ばれ、鳩山派の選挙準備が整わないうちに総選挙をしてしまうのが狙いだった。一般には、この頃鳩山から離れて吉田の指南役となっていた松野の入り知恵といわれているが、松野の伝記によれば、当時吉田に接近していた前田米蔵や内田信也が教唆したもので、松野説は逆に前田らが流したものらしいという（酒井健亀『松野鶴平伝』）。しかし、当時官房長官だった保利茂の回想では、「松野鶴平さんは、院の内外からみて、やはり一遍洗い直して（解散して―原注）建て直しをする以外ないではないかという意見。それを吉田さんは採用された」という。

松野はまた「党の方はオレがちゃんとやっておくから心配するな」と党側との調整は約束していた。ところが、その調整をしなかったため、保利ひとりが「抜き打ち解散」の責任を「ひっかぶって悪者になってしまった」（保利前掲書）。林幹事長、益谷総務会長、それに衆議院議長の大野伴睦などにも事前に相談はなかった。しかも、大野は解散の二日前、八月二六日に林の後任として議長に就任したばかりだったので、わずか三日間の議長となってしまった（総選挙後、議長に再選されるが）。松野が事前に党役員に解散を伝えなかったのは、その劇的効果が薄れると判断したからだろう。

この頃から鳩山直系をもって任じてきた大野、林、益谷の「御三家」は、自由党内で微妙な立場に置かれる。公職追放にあわなかった彼らは、鳩山や三木、河野らが追放中のいわば鳩山派留守居役であったが、その間に吉田によって干されていたかといえば、そうでもない。昭電疑獄で係争中（五一年一月に最高裁で無罪確定）で、かつ旗幟鮮明な大野はともかく、益谷は第三次吉田内閣までに建設大臣（二回）、無任所国務大臣、自由党総務会長を、林も書記官長、厚生大臣（二回）、衆議院議長といった要職を歴任している。むしろ、重用されているといってもよい。そのため、党や吉田に対しては追放解除派とは異なった思いが生まれたとしても当然だろう。とはいえ、吉田側近ともいえない微妙な立場であったことは、「抜き打ち解散」の一件からも窺える。

第二五回総選挙（一九五二年一〇月一日）は、完全に自由党の分裂選挙となった。鳩山派は党本部とは別に東京ステーション・ホテルに選挙事務所を構え、全国遊説も別個におこなって、激しい吉田攻撃を展開した。殊に東京では、九月一二日、日比谷公会堂で鳩山が政界復帰第一声を放った。この演説会では、鳩山をはじめ、三木、石橋、河野らが、「秘密外交排撃・自衛軍創設・憲法改正」といった吉田政権批判を行うと、吉田派は二五日、同じ場所で吉田、池田以下政府首脳をもって演説会を開き、「民主政治にふさわしからぬ旧政治家の当選は国民の不幸」とやり返した。そして、ついに投票二日前の二九日には鳩山派の中心である河野と石橋を自由党から除名し、公認取り消し処分を行った。

結果は、自由党が解散前から大幅に議席を減らして二四〇名、二月に国民民主党と小会派によって結成された改進党が八五名、左派社会党が五四名、右派社会党が五七名といったところで、四六六名の全当選者中、追放解除者は一三九名に及んだ。ちょうどそれは、全衆議院議員のうちの三割に達する。もっとも、これがすべて戦前・戦中の代議士であったわけではなく、地方政治家や官僚なども含まれる。石川真澄氏によれば、旧代議士で復活した人は、自由党三九、改進党二三、社会党八、その他三の七三名で、そのなかには、鳩山をはじめ、三木、河野、石橋らが含まれている（石川前掲書）。

自由党は辛うじて過半数を維持することができたものの、党内では、鳩山と吉田の両派が拮抗しており、首班指名の動向は中間派の動き、あるいは野党との連携にかかっていた。この時、鳩山派と吉田派の正面衝突を避けるために大野、林、益谷の三名が奔走し、国会召集の前日一〇月二三日、衆議院議長室で鳩山・吉田会談が行われた。その結果、一応鳩山が吉田首班を認める格好となり、鳩山を担いで一戦を交えようとしていた河野や石橋を驚かせた。升味準之輔氏は、鳩山がこのとき妥協をしたのは、財界の圧力があったからに違いないと推測する。というのは、この総選挙直後、経団連、日経連、同友会、日商の、いわゆる経済四団体が自由党内の結束と安定政権の確立を求めて「政局安定に関する緊急要望決議」を連名で発表しているからである（升味前掲書）。ようやく、経済復興によって戦前の水準を取り戻した財界には、保守政党内部の内輪もめは迷惑千万であった。

しかし、結局、河野・石橋除名取り消しなど、鳩山が先に示した民主化四条件は有耶無耶にされてしまい、翌二四日、鳩山派のなかの強硬派など六四名は、安藤を委員長とする民主化同盟（以下、民同派）を結成した。党内野党の誕生である。

三木の広川懐柔工作

一〇月三〇日に成立した第四次吉田内閣は、不安定な政局のなか、はやくもその約一ヵ月後につまずきをみせる。一一月二七日、池田通産相が衆議院本会議で、中小企業の倒産や自殺者もやむをえない、と失言したのに対し、野党側はその責任を追及して、通産相不信任案を提出した。自由党側は不信任案粉砕を代議士会で決めて翌日の本会議に臨んだが、自由党民同派のうち二五名が欠席し、ほかに病気欠席者が一五名ほど出て、二〇八名対二〇一名で不信任案が可決された。このため、農相の小笠原三九郎が池田の後任通産相となり、小笠原の後任に広川が納まった。

実は、広川の農相起用は「体の良い軟禁」であった。これまで吉田によって重用されてきた広川は、先の総選挙で初当選した緒方竹虎が第四次吉田内閣に官房長官兼国務大臣として入閣すると、自分の前途に不安を感じてきた。緒方は戦前に国務大臣を務めた大物で、実際、吉田は広川より緒方を相談相手とするので、なおさら広川は愉快ではない。しかし、広川派が民同側に寝返っては、吉田側は政局運営が容易ではなくなる。そこで、この際広川を農相に起用して、閣内に封じ込めておこうというのが、この広川起用の意図であった。

民同派は一二月一〇日に会合して、河野・石橋の除名取り消しを含む民主化四条件の実現を吉田首相に迫ることを決めた。もし、これを受け入れなかった場合、野党と結んで補正予算案の否決にまわる構えを示したが、吉田は応じず、正面衝突の気配となった。そこで、緒方と安藤が斡旋役となり、一四日、目黒の首相公邸（前外相公邸）で民同派の三木、砂田重政、安藤と、吉田側の吉田、緒方、林、益谷、の七名が会見し、河野・石橋の除名取り消しと、民同派の補正予算成立への協力が取引された。

吉田側にとって次の難題は、民同派が要求する林幹事長と益谷総務会長の更迭問題であった。民同派からすれば、今や吉田寄りでしかない林と益谷を更迭し、同派への同調者に替えることで吉田の外堀を埋めたい。しかし、吉田は益谷の留任と、林の後任には佐藤栄作建設相の起用を決めていた。これに対して、三木は広川をカードに使って吉田体制に楔を打ち込む準備を進めていた。

三木の伝記では、「広川によると、三木がハッキリと誘いをかけて来たのは十月二十五日のこと」（三木会前掲書）だという。つまり、吉田・鳩山会談で、吉田首班が決まった二日後ということになる。また、鳩山はその自伝のなかで、「三木君が広川工作を始めたのは、抜打解散の選挙が終って、ステーション・ホテルに立てこもり、当の広川君を真正面の対手にして、首班争いをやっていた最中から」と、三木の伝記とは若干の違いはあるものの、首班論争の前後あたりから広川工作に着手したことを証言している。鳩山はまた、三木の政治手腕について、「広川君にしても、後の保守合同の際の大野伴睦君にしても、三木という男は、これと目星をつけると、敵の大将でも三、四ヵ月のうちには本当に自分の掌中に握ってしまうのだから全く感服の外ない。ただの弁舌やらで、こんな芸当が出来る訳がない。やはり何物をもつらぬく信念と誠意とが、人の心をここまで引きつけたのだろうと思う」（鳩山前掲書）と感心している。

そして、広川が吉田から離反するきっかけとなったのが、一九五三年一月二一日に児玉誉士夫邸で開かれた鳩山・三木と広川の会談である。児玉によれば、この会談を仕組んだ三木の依頼で、児玉は鳩山と広川を会わせるために、それぞれ別々に「めずらしい魚が獲れたのでご馳走します」（児玉前掲書）との口実をもうけて誘い出し、鳩山が「私だけかと思って行ってみると、何人かの人達が集まっていてそのなかに広川君がいた。また三浦義一君もいた」（鳩山前掲書）という。三浦義一とは、日本橋室町に事務所を構えていたために「室町将軍」と呼ばれた政財界のフィクサーで、広川には影響力があるともいわれていた。後日、この鳩山・広川会談が読売新聞によってすっぱ抜かれ、密かに鳩山と通じた広川は、吉田の憤激をかうことになった。さらに、三木ら民同派は、広川派の離反を促すために、広川幹事長・三木総務会長の実現を目指した。しかし、結局、三木総務会長は実現したものの、幹事長には佐藤が就任した。これには、広川が強く反発し、吉田体制を揺るがすことになる。

2　吉田陣営の巻き返し

策士策に溺れて解散へ

一九五三（昭和二八）年二月二八日、衆議院予算委員会の席上、右派社会党の西村栄一が国際情勢の動向について質問をしている最中に、吉田首相は「バカヤロー」と発言した。吉田はすぐに不穏当であったことを認めて発言を取り消し、また、西村も了解したが、右派社会党から懲罰動議が提出され、三月二日の衆議院本会議に上程された。当日の本会議には民同派二二名と広川派の三〇名が欠席したため、一九一票対一六二票で可決され、現職首相が懲罰委員会の審議に付されるという前代未聞の事態となった。これに激怒した吉田は、広川農相と広川派の農林政務次官松浦東介、厚生政務次官越智茂を即日罷免し、また、佐藤幹事長は翌日総務会に広川の除名を提案するが、除名を決定するには、総務会での決定と議員総会の承認を必要とする。その総務会長が欠席組の三木なのだから除名など出来るわけもない。

自由党内で広川の除名問題にてこずっているうちに、野党から内閣不信任案が提出された。不信任案採決の前日、三月一三日の自由党代議士会では、もし敗れた場合は解散することに決定したが、この日、本会議の途中で佐藤は三木に会うと、「三木提案して、鳩山総才(ママ)案を主張す。余は言下に之を拒絶」(『佐藤栄作日記』第一巻)したという。三木は吉田の解散の意思をうかがうために、吉田側近の佐藤を挑発してみたのだろうか。それとも、本当のところは解散を予想していたのだろうか。三木の伝記によれば、三木は解散のブラフで味方が脱落するのを防ぐため、意図的に解散不可能説を流したが、不信任案採決の前日、三木との会談を拒絶した吉田から「(解散に踏み切る—筆者注)決意を読みとった」とする。それは、「解散を避けるつもりなら三木との会見をやめる筈はない」(三木会前掲書)からだという。しかし、益谷の伝記では、「『解散する』は単なるおどしで、不信任案が通過すれば吉田は退陣をするだろうというのが、三木の観測であった」(中正雄『益谷秀次』)と、三木の読み違い説を採っている。さらに、児玉の自伝によれば、解散の数日前、政財界のフィクサー田中清玄（元日本共産党委員長）を三木に紹介したところ、田中から、アメリカが吉田を見放し鳩山に期待しているので解散はありえない、との情報を注入されて、これを信じたためにすっかり誤算を犯した、という逸話を紹介している（児玉前掲書）。やはり、策士策に溺れる、といったところだろうか。

内閣不信任案は、野党三党に民同派が加わった賛成二二九票に対し、反対二一八票と僅差ながら可決。吉田首相はただちに解散した。票差が接近したのは、広川派に対して吉田側からの解散の威嚇が奏効したからで、本会議開会の直前に全員出席して反対にまわった。しかし、不信任案を阻止できなかったため、党内にとどまれなくなり、先に不信任案に賛成して脱党した三木ら民同派二二名の後を追って広川派一五名なども脱党して合流。三月一八日、鳩山を総裁とし、三九名からなる分派自由党（鳩山自由党）が結成された。なお、このとき、鳩山派の安藤、牧野、大久保の三名は、吉田自由党に残留する意思を表明している（石橋湛一・伊藤隆編『石橋湛山日記』下）。

吉田少数与党内閣の成立

一九五三（昭和二八）年四月一九日に施行された第二六回総選挙では、吉田自由党が一九九名、鳩山自由党は三五名、改進党七六名、左派社会党七二名、右派社会党六六名、労農党五名、共産党、諸派各一名、無所属一一名、という勢力分布となった。吉田自由党は過半数（二三四名）を大きく割り、ちょうど鳩山自由党の分だけ不足となった。その鳩山自由党も、四名を減らし、広川は落選した。改進党も、また改選議席の八八名から一二名減って、保守政党は三党とも振るわなかった。これに対して、社会党は右派が前回より六名増、左派にいたっては一六名増と好調だった。

総選挙後の第一六特別国会では、早速議長選挙で自由党は劣勢を思い知らされることになった。衆議院正副議長候補に自由党は益谷と山口喜久一郎を推したが、野党が推す堤康次郎（改進党）と原彪（左派社会党）に敗れた。また、参議院では、かろうじて副議長に自由党の重宗雄三が当選したものの、議長選挙では野党の推す河井弥八（緑風会）に自由党の松野が敗れた。

五月一九日の首班指名選挙は、吉田、重光、左派社会党の鈴木茂三郎、右派社会党の河上丈太郎の四名で争われた。結果は、いずれも過半数に達しなかったので、吉田と重光の決戦投票となり、右派社会党は棄権、左派社会党は白票を投じたため、吉田が二〇四対一一五で当選。第五次吉田少数与党内閣が発足することとなった。なお、この内閣には、民同派委員長でありながら選挙前に鳩山自由党と分かれた安藤と、かつては鳩山直系を任じていた大野が無任所の国務大臣として入閣した。ちなみに、後から同内閣の法相に就任した小原直は、大野が学生時代に焼き討ち事件で逮捕された際の担当検事だったという。元被告との妙な再会である。

ところで、安藤と大野の入閣は、保守勢力内の対立・提携関係の新たな変化を象徴するものであった。そのひとつは、これまで自由党内に自前の基盤をもたなかった副総理の緒方が、鳩山自由党の分裂を機会に、自由党に残留した広川派の篠田弘作らを吸収して、急速にその勢力を拡大したことである。また、その緒方に官僚派に反発する大野ら党人派が接近する。大野によれば、当初、朝日新聞社副社長であった緒方については、新聞人としては第一級でも政界ではまだ一年生議員に過ぎないのに、吉田以下緒方を珍重する風潮に反発を感じていたという。ところが、一九五二年六月に鳩山の全快祝いの宴で緒方と会った大野は、「お互に初対面の挨拶後、世間話をしているうちに、海原（清平―筆者注）君のいうように『ちょっとした人物』であることが、よくわかってきた。茫洋として、なんとなくつかみどころがない容姿は、床次竹次郎（ママ）さんそっくりだ。話を交わしていると、段々その人となりがわかり、恰も五島するめをかんでいるように、次第と味がでてくる。それから付き合っているうちに、私はすっかり『緒方ファン』になってしまった。『これほどの人物とは知らなかった。次期総裁に最もふさわしい男だ』と自らの不明を恥じ、緒方総裁実現を心秘かに決心したのだった」（大野①）という。

鳩山の自由党復帰と「八人の侍」

吉田の政局安定工作は、まず改進党に対して進められた。吉田は首班指名選挙の翌日に、組閣後の協力を要請するために鎌倉の重光を訪れたのに引き続き、九月二七日、重光を再び訪問して、保安隊を自衛隊に改め、直接侵略に対する防衛をその任務に付加えることなどで合意した。これは、当時問題になっていたアメリカのＭＳＡ（相互安全保障法）援助受け入れに関連して、防衛政策に熱心な改進党と防衛力漸増など政策調整を行ったものだが、同時に改進党に対する多数派工作としての意味もあり、この会談で吉田は重光に後継首班の可能性を思わせるそぶりを見せたという。しかし、その後、政権譲渡に関しては何の進展もみられず、次第に重光は吉田への不信感を募らせ、「反吉田」へ傾斜していった。その意味で、「第二次吉田＝重光会談こそ、保守党再編に向けての分水嶺」（武田知己『重光葵と戦後政治』）であった。なお、この吉田・重光会談が鳩山自由党の復帰を促した間接的効果も無視できない。

鳩山に対しては、吉田の命をうけた安藤と、鳩山の長男の岳父にあたるブリヂストン社長の石橋正二郎が復帰の働きかけを行った。予想もしなかった解散によって分派を結成せざるを得なかった鳩山らは、政治資金に困窮しており、三木などは自前の天然ガス利権を僅かな金額で売り払って選挙資金に当てていたという。それゆえ、政治資金で石橋頼りだった鳩山が、石橋の意向に動かされたとしても無理はない。加えて、吉田と重光の接近は、鳩山に孤立化の危険を感じさせるに十分だった。吉田政権に限界がみえてきたのに、このまま孤塁を守っていても政権は取れない。あるいは、重光や緒方に先を越されるかもしれない。そうした焦燥感から、鳩山は「憲法調査会」の設置と、三木・河野の無条件復帰受け入れを条件として、自由党への復帰を決めた。

ところが、結局、三木、河野と、松永東、中村梅吉、池田正之輔、松田竹千代、山村新治郎（七〇年三月赤軍派による日航機よど号ハイジャック事件で身代りになった山村新治郎運輸政務次官の父）、安藤覚、の八名が復帰せず、日本自由党を名乗った。このあたりの事情について、河野は次のように自伝に記している。鳩山の自由党復帰で、三木たちはほとんど壊滅状態に陥り「さすがの三木さんも弱気を起し、『どうだ河野君、君もまだ若いんだし、この際だから、死んだつもりで、みなといっしょに自由党に帰ろうじゃないか』といい出した」。ところが、松田竹千代と山村新治郎の二人は自由党復帰絶対反対を主張し、山村などは「万一帰るようなことがあれば、ぼくは代議士を辞める」と言い出す始末であった。そこで、「三木さんも私も、こういう事態になっては二人だけ残留させ、われわれだけが自由党復帰など出来ない。『よろしい、それではわれわれも残る』ということになって、残留組は四人になった。ところが、今度は松永東、中村梅吉、池田正之輔、安藤覚の四君も絶対復帰は断るといい出した」（河野前掲書）というのが真相のようである。当時、黒沢明監督の東宝映画「七人の侍」が評判であったことから、その映画の題名になぞらえて、世間では彼らを「八人の侍」と呼んだ。

自由党はこれで二二七名に回復したが、過半数にはなお七名不足であった。このため、三木ら日本自由党はわずかな人数でもキャスティング・ボートを握って意気軒昂であったが、いっぽうの復帰組は自由党内で冷遇された。また、復帰の条件であった憲法調査会の会長には、鳩山が推した北昤吉が退けられ、岸信介が就任した。

3　吉田自由党の動揺

指揮権発動で救われた佐藤幹事長

海運・造船業界は、朝鮮戦争が終わると、特需景気が去って苦境に立った。そこで、計画造船融資の金利の一部を政府が補給するという「外航船舶建造融資利子補給法」が一九五三（昭和二八）年一月に公布された。さらに、同年八月には、同法をもっと業界に有利にしようとする自由・改進・鳩山自由の三党共同修正案が成立した。この建造費の融資割当てと法案国会通過に関して、造船業界と保守三党の政治家、官僚との間に贈収賄が行われたとして、五四年一月東京地検特捜部は捜査を開始、逮捕者七一名、起訴三四名に及ぶ大規模な疑獄事件となった。

なかでも検察側の標的となった自由党の佐藤幹事長、池田政調会長らは収賄容疑で取り調べをうけ、日本郵船など海運四社から二〇〇万円、船主協会などから二〇〇〇万円を受け取ったとされる佐藤については、収賄容疑による逮捕許諾請求が出されることが、四月二〇日の最高検察庁首脳会議で決まった。その日の佐藤の日記には「緒方氏に報告せんとせし処、犬養と会談中。尚決せざる様子。誠に以外故、犬養退席後更めてその人となりを説き、此の際初志通り断乎一刻も早く命令を出すべき事を進言する。緒方氏もその積りの様子につき、余安心して辞せし処、八時半すぎから十一時迄かかって漸く最終的断を見る。誠に優柔不断、残念至極」（佐藤前掲書）とある。つまり、検察庁法第一四条により、法務大臣に検事総長に対する指揮権を発動させ、佐藤の逮捕許諾請求を阻止するとの方針の実行を、佐藤自らが緒方副総理を通じて犬養法相に迫っているわけである（犬養は第四次吉田内閣から引き続き法相を務めていた）。

政治生命を絶たれたくない犬養法相は最後まで抵抗するが、翌日、結局は指揮権を発動して、「重要法案の国会通過の見通しがつくまで、暫時逮捕請求を延期して任意捜査を継続せよ」（田中他編前掲書）と指示し、法相を辞任した。贈収賄事件の捜査では、贈賄側と収賄側を同時に身柄拘束し、供述証拠を取らないと起訴は困難なので、「任意捜査を継続せよ」といっても、それは事実上の捜査中止命令に等しかった。この後、検察は「時期を失した」として、佐藤を逮捕せず、政治資金規正法違反で起訴したにとどまった（この一件でも、五六年一二月、佐藤は国連加盟記念恩赦で、免訴判決を受けた）。

指揮権発動に憤慨した野党は、二二日に内閣不信任案の提出を決めた。自由党はまだ過半数に足りないので、不信任案が成立した場合、一年ちょっとの間に二度も解散はできないだろうから、総辞職に追い込めると読んだわけである。ところが、両派社会党による不信任案には疑獄事件が提案理由に加えられているため、逮捕者を出した改進党からは病欠のほかに意図的な欠席者が二〇名ほど、さらに反対も一名出て、二二八名対二〇八名で否決された。これで、吉田政権はかろうじて信任されたことになり延命したが、その命脈はほぼ尽きていることは明らかだった。

なお、指揮権発動問題に関しては、吉田が「造船疑獄は流言飛語」と発言したため、八月中旬になって国会で再燃し、衆議院決算委員会が吉田首相の証人喚問を決定した。しかし、吉田は公務多忙のため外遊から帰国するまで応じられない旨を届けて出席を拒否、九月二六日には欧米七ヵ国訪問の旅に出発してしまった。

反吉田新党の結成

いよいよ政権維持が困難になってきた吉田内閣の下で、さまざまな保守新党工作が展開される。まずその端緒となったのが、造船疑獄のさなかの一九五四（昭和二九）年三月二八日、緒方副総理が大磯の吉田を訪問して語った自由・改進両党の解党、総裁公選を内容とする新党構想であった。実は、緒方は改進党長老で保守合同論者の芦田と前年一二月二七日、同年三月二三日の二回にわたって会談し、そのときの芦田の意向がこの構想に反映していたものとみられる（『芦田均日記』第四巻）。さらに、自由党は緒方起草の「政局の安定は、現下爛頭（らんとう）の急務」という有名な党声明を四月一三日に発表した。同日、自由党は改進党に新党結成を申し入れると、改進党幹事長松村謙三は、吉田内閣退陣が新党結成の前提条件としつつも、話し合いには応ずる構えをみせた。

この頃、「保守新党」への動きには、大別して三通りの思惑が交錯していた。そのひとつが、緒方の吉田棚上げによる保守新党構想であり、二つめが、三木や松村らの反吉田新党構想である。そして、三つめが、吉田や佐藤、池田の改進党吸収による吉田政権延命工作であった。こうしたそれぞれの思惑をはらみながらも、四月二八日には、自由・改進・日自の三党は「新党結成促進協議会」を開き、各党から選ばれた交渉委員によって準備が進められた。しかし、結局、新党の総裁公選問題が障害となって、六月二三日自由党から交渉打ち切りが申し入れられた。

自由党側から提起された新党構想が頓挫したところから、今度は鳩山を中心とした反吉田新党の動きが加速されていった。それより以前から鳩山は三木などの仲介によって、自由党の前田米蔵、改進党の大麻唯男、重光ら追放解除組の長老と会談を行って反吉田戦線を構築していた。このうち、前田と鳩山は戦前からライバルであり、さらに戦中期には対立関係にあったが、政治評論家の木舎幾三郎の仲介による一九五三年一二月一一日の会談を契機に、反吉田では完全に意見が一致した。これを機会に自由党の前田―岸系が鳩山に接近する。ただし、第二回目の鳩山との会談（五四年二月一五日）を終えて一ヵ月後の三月一八日に前田は死去した。二人がようやく積年の恩讐を越えて提携関係を結んだ直後のことであった。

また、民政党出身の大麻も鳩山への対立感情は強かったが、そのいっぽうでは、吉田から重光への政権移譲の話をご破算にされて吉田との関係も悪化していた。そして、ついに六月一四日に大麻と鳩山の会談が行われ、大麻は吉田政権打倒のために鳩山と手を結ぶ決意を固めた。こうして、最後に残った重光とは、九月一九日、鳩山邸で会談が行われた。この場には、三木、岸、石橋、松村が立会い、反吉田新党結成で意見の一致をみた。このとき、新党の総裁には鳩山という空気が支配的で、重光は

「私は一兵卒になって、あなたがたのために働きます」とだけ言ったという（鳩山前掲書）。

なお、この日、軽井沢から東京音羽の自宅に戻る途中、熊谷市で鳩山の自動車に大野が乗り込んできて、離党について翻意を求めた。この少し前、七月二六日に自由党では三役改選があり、幹事長は佐藤から池田、総務会長は益谷から大野に交代していた。大野が鳩山に翻意を求めたのは、鳩山に党外に去られては、佐藤や池田、党外の三木や河野らとの対抗上困ることになるからであろう。いっぽう、大野はすでに吉田には完全に見切りをつけていた。大野の自伝によれば、吉田の引退に関しては、講和会議後引退説であったという。「晩年に栄光への道を開くのは、この引退（講和会議後—筆者注）以外にないと主張したのだが、ついに容れられなかった。そこで二十九年の『吉田外遊』を機会に引退の花道を作ろうと、私自身がその演出をかってでた」（大野①）。ところが、一旦は外遊後引退に賛成して協力を約束した佐藤と池田が、吉田がまだやる気であることを知って翻意する。それで七ヵ国歴訪後に吉田を引退させることができなかったという。

さて、反吉田の新党結成準備会は九月二一日に発足した。こうした反吉田の動きを牽制するため、自由党主流派は準備会に吉田総裁以下全員が参加することとした。準備会乗っ取り作戦である。しかし、一一月一日には自由党主流派の強い反対を押し切って、鳩山が準備委員長に就任した。このため、自由党主流派は八日、反吉田の急先鋒である岸と石橋を除名し、準備会からは全員脱会した。こうした強硬な態度は、かえって新党運動にはずみをつけ、一一月二四日、鳩山を総裁、副総裁には重光、岸を幹事長とする日本民主党が結成された。同党には、衆議院議員からは改進党六六名、日本自由党八名、自由党鳩山派・岸派三五名、無所属小会派一一名の合計一二〇名、参議院議員からは、改進党一三名、自由党三名、無所属二名の合計一八名が参加した。三木は総務会長となった。

頭角をあらわす岸信介

ここで、民主党の幹事長となった岸信介について触れておこう。岸は一九五三（昭和二八）年三月の「バカヤロー解散」を受けて行われた第二六回総選挙で初当選した。初当選といっても、戦前最後の第二一回総選挙、いわゆる翼賛選挙で当選しているから、これで当選二回ではある。戦後初めて議席を得て、それからわずか一年半ばかりで民主党幹事長という政界の実力者として頭角をあらわした。

岸は戦前に商工省から満州国の実業部次長に移り、関東軍参謀長東条英機などの軍人に人脈をつくった。また、このとき満州国政府にあって岸を支えたのが、のち岸の側近中の側近となる岸内閣官房長官の椎名悦三郎である。一九三九年一〇月に再び商工省に戻った岸は次官となり、四一年一〇月に四四歳で東条内閣の商工大臣になった。また、四三年に軍需省（商工省・企画院を廃止し、四三年一一月に設置）が発足すると、東条首相が自ら軍需大臣を兼摂したため、岸は国務大臣兼摂軍需次官となった。翼賛選挙で衆議院に議席を得ていたが、次官と代議士を兼務できない決まりから、代議士をやめることになった。

戦争末期、岸はそれまで親しかった東条首相と対立し、閣内不統一で東条内閣を総辞職に追い込んだことはすでに触れたが、同内閣の閣僚だったため、A級戦犯容疑者として逮捕、収監された。しかし、起訴されることもなく、一九四八年一二月には釈放され、さらに、五二年四月サンフランシスコ講和条約が発効すると、公職追放令も失効して自動的に追放解除となった。

公職追放中の岸は、東京銀座に事務所をかまえ、政界復帰後に備えた。また、追放解除を機会に戦前からの盟友である三好英之らが、岸を担いで新党結成の母体とするために設立した日本再建連盟の会長となった。岸の回想によれば、「日本再建連盟を起こすときに、その総裁に重光になってもらうということで、私との間でちゃんと話ができていた」が、「それにもかかわらず大麻なんかに引っ張られて改進党の総裁になった」（岸信介・矢次一夫・伊藤隆『岸信介の回想』＝岸①）という。日本再建連盟は憲法改正・戦後占領体制の打破を掲げ、抜き打ち解散で知られる一九五二年一〇月の第二五回総選挙に一〇名の候補者を立てて臨んだが、当選者はわずか一名という結果に終わった。この選挙に岸自身は立候補しなかったが、連盟の惨敗で「岸新党」の目論見も挫折した。そして、選挙ののち、岸は大学時代からの親友で右派社会党代議士の三輪寿壮に、同党入党の打診をしたという（原彬久『岸信介』）。

翌年三月、岸が西ドイツ訪問中に「バカヤロー解散」があり、第二六回総選挙となるが、弟の佐藤栄作（佐藤秀助の次男信介は、秀助の実家岸家の養子となり、岸信介と名乗った。栄作は三男。長男市郎は海軍中将）が岸の自由党入党と立候補の手続きをとり、急遽帰国するように要請した。自由党からの出馬は本意ではなかったようだが、やむなく帰国し、佐藤と同じ選挙区の山口第二区（定員五名）から立候補して、第三位で当選した。

政界復帰した岸はたちまち政界の台風の目になっていく。国会には三好英之や川島正次郎といった戦前からの代議士グループが追放解除とともに復帰し、岸派の中心となっていった。岸は自由党に身を置きながらも、「吉田さんを追い出して、自由党を新しい政党に吸収してしまうというのが私の考えだった」。ちなみに、岸の母方の叔父の長男が吉田の長女と結婚しているから、実は両者は皮肉にも縁戚なのである。それはともかく、この年の一一月九日、虎ノ門「晩翠軒」に反吉田・超党派の一年生代議士五〇数名を集めて岸の存在感を示した。岸によれば、このときの参加者は「私が商工大臣であった時代の商工委員の連中が中心」ながら、「吉田政権に反発するような意味において五十名集まったということは、相当の影響が大きかった」（岸①）。自由党には、吉田派、鳩山派のほかに、もうひとつ岸派が生まれていたのである。その影響力によって、岸は鳩山らに自由党復帰を求める条件となった憲法改正調査会の会長に、吉田の要請で就任することになる。

この後、前に述べたように、岸は日本民主党の幹事長となって、政権への地歩を着実に固めていくのだが、日本自由党の「八人の侍」のうちのひとり池田正之輔によれば、鳩山政権のできる以前、一九五四年の初夏のころ、三木武吉と岸との間に幹事長就任について次のようなやり取りがあったという。

当時は池田や三木は、改進党と吉田自由党のなかにいた岸とを結んで鳩山新党を目指していたが、岸はいくら催促してもなかなか応じない。その岸の腰の重さの理由を、岸が鳩山新党に参加する場合、ひとりでも自分の手勢が改進党系よりも多くなくては今後の主導権が握れないことを懸念していると池田は読んだ。そこで三木にそのことを伝えると、それからしばらくして三木と岸の会談が実現した。会談では三木はいきなり岸に新党の幹事長就任を勧め、自分は総務会長として岸を助けると切り込んだ。さらに三木は続けて、「『新党を作って鳩山内閣を実現しよう。しかし鳩山は身体が悪くせいぜい一、二年だ。その後釜を考えておかなければならない。それにはボクの立場からすると河野といいたいが、河野はまだクセがあり過ぎる。だから鳩山のあとはキミがやれ。そこまでオレが助けよう。一言断わっておくが総理になっても長くやるなよ。長くなれば内側から政権は腐敗する。まあ二年だな。キミのあとだれにするかということになるとオレの口からは言えん。オレはそのころはもう冥土に行ってこの世にはいまい』一語一語念を押すような三木の態度には、鬼気身に迫るものがあった。さすがの岸も『有難うございます』と深く頭を下げるのみで一言もなかった。この一件は三木の深い配慮から終始、河野にはしらされていない」(東京新聞社編『私の人生劇場』)という。

引き際の悪かった吉田

鳩山新党結成も大詰めにきた一一月一七日、吉田首相は外遊先から五三日ぶりに帰国した。その時の記者会見でもあくまで吉田は強気で、引き続いて政権を担当する決意を示し、さらに、二二日大野総務会長らに「小生の進退が政権に変々たるが如き疑いを内外にいだかしむるにおいては、わが民主政治の基礎たる自由党のためにはなはだ面白からず、しばらくは小生一身の進退を度外視して」（保利前掲書）云々という、主旨の不明な書簡を送った。この前後の経過からして、吉田はまったく辞める意思などなかったことは明らかだが、大野はこれを辞意表明と受け取った。そして、自由党は二八日に党大会にかわる両院議員総会を開き、吉田総裁は適当な時期に勇退し、緒方副総理を後任総裁に推戴することを党議決定してしまった。また、同日、池田幹事長は誕生したばかりの民主党に、総裁公選を条件とした合同を申し入れたが、翌日拒否された。

こうしたなか、一一月三〇日、臨時国会が召集されたが、衆議院では自由党一八五名に対して、民主党一二〇名、左派社会党七二名、右派社会党六一名と、野党三党を合わせただけでも、議員定数四六七名の過半数を優に上回り、国会の焦点は内閣総辞職か、解散かにあった。吉田首相はあくまでも強気の構えを崩さずにいたが、自由党の大半は吉田に見切りをつけていた。世論の吉田への風当りが強いなかで解散を断行すれば、総選挙は自由党の敗北必至だからである。

民主党と両派社会党による吉田内閣不信任案が上程される一二月七日の前日、首相官邸で開かれた政府・与党首脳会議では、吉田に同調する池田幹事長や福永官房長官ら吉田側近と、総辞職を主張する緒方副総理、大野総務会長らとの間で調整がつかず、結論を翌日に持ち越してしまった。

翌日、吉田の予定では、朝から緒方を招いて総辞職論を撤回するよう説得し、ついで党首脳会議で議会解散の方針を固め、閣議を開いて解散の決定を行い、本会議に臨むつもりだった。ところが、緒方との会談では、緒方が自説をまげなかったため、予定が狂ってそのまま閣議へ出席した。緒方が吉田の解散論に最後まで反対したことについて、栗田直樹氏は「もし解散となれば自由党が吉田支持派と反対派とに分裂してしまうと見ていたから」（栗田直樹『緒方竹虎』）と、緒方が子息に宛てた書簡によってそのことを傍証している。吉田の次を狙う緒方としては、自由党に分が悪い中で、しかも、分裂選挙は戦いたくはなかったのだろう。

ところで、運輸大臣として七日の閣議の場にいた石井光太郎の回想録によれば、「実は私（石井――筆者注）と緒方君とは、その前の晩に打ち合わせをして、吉田さんが、あくまでも解散説を固持するなら、われわれは、辞表を出そうということにしていた」という。閣議では吉田の解散に反対する閣僚のほうが多く、まず発言をしたのは文相の大達茂雄で、総辞職が妥当であることを熱心に説いた。次いで、石井が前日の打ち合わせ通り、「解散に反対ですから、あらかじめ辞表を提出します。辞表を受け取ったあとで、解散していただきたい」と辞表を提出。さらに小原直法相も解散反対の態度を明らかにした。そこで、解散説の池田に近い保利農相が、その場の空気をなだめるように休憩を求めると、吉田は憤然と席を立って部屋を出て行ってしまった。閣議の隣の部屋では松野、佐藤、大野、池田ら党幹部五、六人が待っていて、様子を聞かれた石井が経過を話すと、松野が昂奮して、「そんなわがままを通すようなやつは、総裁といえども除名だ」といきまいていたという（石井光次郎『回想八十八年』）。

しかし、この部分は、松野の伝記では吉田に直接松野が「総裁あっての党ではない。党あっての総裁であることを知らないのか」と怒鳴りつけたことになっている。そして、松野が態度の曖昧な閣僚を一人一人呼びつけ、「解散の書類に署名したら、即刻総務会で除名するぞ」とつるし上げ、撤回させてしまった、という（酒井前掲書）。つまり、吉田を引き出したのが松野なら、吉田に引導を渡したのも、松野というわけである。この日、ついに総理欠席という異常な事態のまま閣議は総辞職を決定した。そして、翌八日、両院議員総会は緒方を新総裁に決定、池田は吉田に殉じて幹事長を石井と交代した。こうして、自由党は大野派と提携した緒方・石井体制によって掌握されることになった。

社会党が助けた鳩山内閣の成立

一九五四（昭和二九）年一二月九日、新首班の指名選挙が行われた。民主党は第二党であったため、鳩山が比較第一党である自由党の緒方総裁を破って政権を獲得するには、両派社会党の協力が必要だった。政策的には民主党の方が自由党より両派社会党との乖離が大きいはずだが、吉田亜流政権阻止の大義名分のもと、早期解散を条件に両派社会党の協力を取り付けることに成功した。早期解散は、第二党である民主党が政権基盤を強化するためにも、また、両派社会党にとっても、これまでの選挙結果からして大幅な議席増が期待できたため、お互いに望むところであった。そこで、民主党と両派社会党は、首班指名選挙当日、五五年三月上旬までに総選挙を行うと共同声明を発表した。つまり、次期政権は本格的政権を準備するための選挙管理内閣、との約束である。

首班指名選挙は、衆議院で鳩山二五七票、緒方一九一票。参議院では、鳩山が一一六票、緒方八五票、という結果であった。自由党総裁の座から追放されて八年七ヵ月、ようやくにして鳩山は内閣総理大臣に選ばれた。その晩、鳩山邸二階の書斎には、鳩山と三木、河野の三人が集まった。三木はただ一言「良かったなあ」といって鳩山の手を固く握り、河野はたまりかねて大声をあげて泣いたという（鳩山前掲書）。

第一次鳩山内閣の組閣参謀には、三木、岸、重光、松村、大麻、石橋、河野らがあたり、もっぱら、鳩山の年来の同志を優遇することと、民主党結成に協力してくれた改進党系を尊重することに気をつかったという。いわば徹底した論功行賞人事である。そのなかでも、石橋通産大臣と安藤文部大臣が問題になった。当初、石橋は大蔵大臣を要求したが、日本銀行総裁の一万田尚登が登用されることに憤慨して、説得に一日を空費するほどであったという。石橋には結局、通産大臣をあてがうことで我慢させた。また、安藤は吉田内閣の閣僚であったことから、旧鳩山自由党系から異論が出た。しかし鳩山は、この最古の同志をかばって文相を当てた。いっぽう、与党民主党の人事は、鳩山総裁、重光副総裁、岸幹事長、三木武吉総務会長、松村政調会長という陣容となった。

明けて一九五五年の二月二七日、両派社会党との約束通り、第二七回総選挙が行われた。鳩山内閣は、新年の閣議で「大臣の公邸廃止」「大臣護衛警官の廃止」「公務員のゴルフ、麻雀の自粛」「公用車の国産車切り替え」など、俗受けしそうなスローガンを発表し、さらに吉田と好対照な鳩山の庶民的な物腰が影響して、「鳩山ブーム」という言葉が生まれるほど人気が高まった。しかし、選挙結果は意外に振るわず、自由党一一二名に対して、民主党一八五名と逆転に成功したものの、過半数には及ばなかった。しかも、左派社会党八九名、右派社会党六七名、労農党四名、共産党二名の合計で一六二名と、憲法改正発議阻止に必要な三分の一の一五六名をわずかながら上回る議席を革新四党が得たため、様々な問題を残すことになった。「鳩山ブーム」は、あくまで保守支持層の内部に限られた現象でしかなかった。

民主党は少数与党政権の悲哀を、三月一八日に召集された第二二特別国会においてただちに思い知らされる。この議会の冒頭で衆議院議長選挙が行われるのに先立ち、民主党の岸幹事長は自由党本部に石井幹事長を尋ね、三木武吉の議長擁立に協力を要請した。当初、自由党でも三木議長に同調する空気が強かったが、福永が代議士会でかつて第一党の自由党候補の益谷を改進党の堤が社会党や日自党との連携で破ったことを持ち出すと、自由党内の反三木熱が一挙に噴出した。緒方総裁は三木議長に反対ではなかったが、このとき強硬に反対したのが林と大野であった。ことに、大野は三木がかつて関係した収賄事件まで持ち出して三木の議長不適格を主張したという（中前掲書）。しかし、石井の自伝によれば、事情はいささか異なる。初めは三木でよいと思っていた石井だが、「議長選挙の前日の夕方、ふと思いついて、議長をひとつひっくり返してやろう、社会党と組んで、われわれのほうから議長を出し、社会党から副議長を出すということで話をつけようと考えた」（石井前掲書）とある。いずれにしても、こうして議長選挙では、両派社会党と組んだ自由党の益谷が三木を降して当選し、副議長選挙でも右派社会党の杉山元治郎が当選した。三木は第九〇帝国議会に次いで、またしても念願の議長の椅子を逃してしまった。なお、この選挙を通じて、あらためて、少数与党政権の政局運営の困難さと、三木に対する反発の強さが浮き彫りにされたといえる。

4　戦前型政党政治家主導の保守合同

仰天の三木車中談話

第二次鳩山内閣が成立してまだ間もない四月一二日、三木は東京から郷里の高松に向かう途中の大阪で「保守結集のために、もし鳩山の存在が障害になるなら、鳩山内閣は総辞職してもいいし、民主党は解体しても一向差支えはない。否、保守結集の出来た場合は、鳩山内閣は総辞職して、衆望の帰する新総裁による新政権を樹立するのが正道である」との車中談話を発表した。折角、総選挙に勝って第一党になったばかりで、しかも、統一地方選挙の最中でもあったので、反発も含めた反響は大きかった。しかし、きわめて唐突に出された印象を受けるこの談話も、三木の伝記によれば、実はその前夜、東京を出発する前に談話の内容が民主党番の記者団に渡されており、「宣伝効果を狙うためわざわざ旅行中の談話を演出した」（三木会前掲書）のだという。保守合同は三木の年来の主張でもあり、緒方の「爛頭声明」以来その機が熟するのを待っていた。つまり、車中談話が保守合同の歯車を動かすための演出だった。

これに対して、保守合同論者の岸民主党幹事長は早速、政局安定のための保守結集はわれわれの念願である旨を述べ、次いで、五月七日には三木談話に呼応する談話を発表した。いっぽう、自由党の緒方総裁は、三木談話の翌々日、九州板付空港で「こんどの話は三木君個人の車中談であるから、自分が批判するほど大きな問題ではあるまい。三木君が会いたがっているというが、私の方にはそんな希望はない。自由党はどこまでも健全野党として是々非々でいく」（中前掲書）と、消極的なニュアンスながら、三木の合同論そのものは否定しなかった。おそらく、緒方の歯切れの悪いもの言いは、自由党内で三木に強い反感を抱く吉田派への配慮のためだろう。実際のところは、三木と緒方の間には、河野を通じて意思疎通が行われていたので、内心は強い関心を持っていたはずである。

三木・河野の動きに対して、鳩山は「是が非でも保守合同はしなければならないという考えは持っていなかった」ので、「『三木のことだから、決してヘマはしないだろう』と思って、一切をまかせていた」（鳩山前掲書）という。また、緒方の方でも、総裁自らが保守合同工作の口火を切るわけにはいかない。そこで、三木が交渉相手に選んだのが、長年の政敵でもある自由党総務会長の大野だった。大野と三木の関係が昔から悪かったことにはすでに少し触れたが、ここ二回の総選挙でも三木は大野の選挙区岐阜第一区に乗り込んで、鳩山自由党（二回目は民主党）の候補者応援の際、激しい大野攻撃を行ってきたため、大野の三木に対する憎悪はつのるばかりだった。

かつて大野が鳩山と政治的に別れる際、「大野は大義親を滅す」といっていたのを三木はとらえ、大野の「大義の大は大臣の大、義の字は議長の議」と揶揄したのは有名な話だが、三木もきまりが悪かっただろう。そこを敢えて緒方・石井体制を支える派閥の領袖大野を交渉相手に選んだあたりの着眼と思い切りのよさが、後年、三木が評価される所以であろう。もっとも、大野を交渉相手にすることを最初に勧めたのは、戦前は内務官僚、読売新聞社社主で、戦後に初出馬した第二七回総選挙で盛んに保守合同を主張した正力松太郎であったという。正力は三月から四月にかけて、大野のところへも行って、民主党との合同を説いている（木舎③）。

三木・大野提携で自由民主党結成

こうした正力の動きとは別に、三木と大野の交渉は始まった。その経過は大野の自伝に詳しいので、以下に概要を記そう（大野①）。

一九五五（昭和三〇）年五月一五日、大野は訪ねてきた二人の顔見知りの新聞記者から、三木が会いたがっていることを伝えられた。三木の真意をいぶかる大野に、記者たちは「これから帰って三木さんに電話させます。時間は午前十時きっかりです」と言い残して去ると、本当に一〇時きっかりに三木から電話がかかった。三木は熱心に保守合同について口説きにかかったが、大野は「この電話の意図は保守合同という錦の御旗をかついで、自由党を鳩山内閣の延命工作に利用する手だてかも知れない」と思い、「わが党を与党にでもする工作なのか」とやり返すと、「いや、断じてそのようなことはない」、「この大業を成しとげるに、君以外に人物はいない」と持ち上げられ、さらに、過去の不義理を詫びるのを聞くうちに、大野も「その言い分も敵ながら天晴れ」との心境になってきた。そして、その日の晩のうちに会う約束になった。

三木は手回しよく、大野邸の近所のアラビア石油社長山下太郎邸を密会場所に用意してあり、大野は緒方に三木と会うことの了解を取り付けたあと、夕方六時ごろ山下邸に向かった。二人だけの会談で、三木は「日本はこのまま放っておいたら、赤化の危機にさらされること、自明の理だ。このためなによりも保守陣営が、大同団結しなければならない」と話しているうちに声は熱を帯びて、「ついに声涙下る大演説」となってしまった。大野は三木の話を聞いているうちに感激してしまい、「『古ダヌキの三木』はすでになく、その心境は、仲秋の名月のように澄み切っている」と感じた。もはや、大野の前から「政敵三木さんは去り、同志三木さんがあった」。そして、「老人の二人が、まるで高等学校の生徒のように、感激に燃え手をとり合い『同志』としてのよしみを誓い合った」というから、なんとも浪花節的である。

三木と大野の会合はその後も回を重ね、大筋で合意をみた。そこで、さらに両党の幹事長が加わり、毎日のように総理官邸の横のグランドホテル（現ザ・キャピトルホテル東急）で会合した。石井によれば、その数六十数回に及ぶという。ただ、毎回話題があったわけではなく、ときには、何の話もなく食事だけで散会したこともあったという。こうして、六月四日には、鳩山と緒方が公式会談をもち、「保守結集による政局の安定」を図るとの共同談話を発表した。

合同の動きに対しては、両党内部からの反対も激しかった。民主党では、保守二党論者の松村と三木武夫が強く反対し、六月一四日には、反対派八二名が会合して「党の機関を一新」することを求めた。また、自由党でも吉田派の池田や佐藤が、鳩山、三木、河野に対する反感から反対していた。しかも、九月にはいって焦点となった新総裁の選出問題で、一時はこう着状態に陥った。自由党は「鳩山引退」「公選で新総裁選出」を主張し、緒方擁立の構えをみせていた。もっとも、三木個人は「緒方総裁」支持だったが、それでは民主党がおさまらない。また、民主党の岸幹事長は「初代総裁は鳩山氏が就任すべきだと思う」が、「鳩山氏は三十一年度予算案が成立後、緒方氏と交代したらよい」(岸信介『岸信介回顧録』＝岸②)と、九月一七日に記者会見で考えを明らかにした。

結局、大野が提案した代行委員制をベースにした民主党側の妥協案に落ち着くことになった。その案とは、当面は総裁問題を棚上げし、その間に両党による合同支部を早急に設置する準備をすすめ、結党後短期間内に両院議員と合同支部代表によって総裁公選を行うというものである。そして、棚上げ期間中は両党から各二名選出された代行委員によって党運営をはかるとした。代行委員制は、かつて政友会が鈴木喜三郎総裁の後継を決められず、党内対立の激化を回避するために採用された故事にならったものである。このとき鳩山は四人の代行委員の一人であったが、また、この度も緒方、三木、大野とともに代行委員におさまった。

新党の名称は「自由民主党」と決定した。この名称について、合同のための準備をすすめる政策協定委員のひとりであった福田赳夫は、「岸信介、石井光次郎両幹事長間で、単純に双方の名前をくっつけて決まった。どちらを上にするか、で大分議論があったが、石井さんは民主党の方が数が多いから『民主自由党』でいいと遠慮されたのに対し、岸さんが『自由を先にした方が語呂がいい』と言われて『自由民主党』になった」という（福田赳夫『回顧九十年』）。ただし、自由民主党編の『自由民主党二十年の歩み』（一九七五年）によれば、新党の党名は一般公募で決めたことになっている。新党の幹事長には岸、総務会長に石井、政調会長には自由党の水田三喜男が就任し、一一月一五日に結党式を挙行した。

以上のように、追放解除組の戦前派政党政治家に主導され、政綱には自主憲法制定がうたわれた自由民主党は、吉田路線の清算をめざして結成されたのである。

新党参加を拒否する佐藤と吉田

ここに、衆議院議員二九九名、参議院議員一一八名を擁する大政党が出現したが、このとき新党参加を拒んで無所属に移った自由党議員が三名いた。佐藤と吉田、橋本登美三郎である。佐藤は鳩山に強い反感を抱いていた。というのは、かつて鳩山自由党が吉田自由党に復帰する際、鳩山は党運営や選挙のために少なからぬ借金を背負っていたことはすでに触れたが、自由党は鳩山を迎えるにあたって、その借金を始末してやることになった。細川隆元によれば、「二千万円が幹事長佐藤の手許にあった党の資金から支出され、鳩山に渡された。これは鳩山復帰の直前、佐藤が資金部長の坪川信三を伴って、音羽の鳩山邸で直接鳩山に渡している。この二千万円は鳩山分自党が無理に無理を重ねた政治資金の穴埋めに使われた模様であるが、この二千万円がやがて造船疑獄と関連して、佐藤が政治資金規正法違反に問われている金なのだ。ところが、鳩山の復帰がなって後、鳩山が疑獄について佐藤を攻撃したことがあるので、佐藤は自来〝鳩山と倶に天を戴かない〟と決意し、この間、民自合同の際も、鳩山が首班である間は絶対に倶に天を戴かずとして今でも無所属に留っている」(細川前掲書)というわけである。

たしかに、佐藤が自民党に入党するのは、石橋総裁になってから、一九五七(昭和三二)年二月のことであった。さらに、吉田の不参加については、岸が次のような石井から聞いた話を回顧録の中で紹介している。それによれば、「石井光次郎氏によると、保守合同に参加しないと最初に言い出したのは佐藤だそうで、それを聞いた吉田さんが『佐藤が行かんのなら俺も辞める』と師匠が弟子に殉じた、というのが真相だ」といい、また「吉田さんは緒方氏とは、退陣のいきさつで必ずしもしっくりいっていなかったので、それが去就に影響を与えたのかもしれない」(岸②)と、吉田の自民党不参加について観察している。いずれにしても、吉田路線の清算をめざしてできた自民党に、吉田が喜んで入党するはずもなかった。

ところで、公選による初代総裁を目指していた緒方は、結党の翌年一月二八日、心臓衰弱で急逝した。このため、四月五日に行われた自民党臨時党大会における総裁公選では、鳩山が三九四票を獲得して初代総裁に就任した。ただし、百票近い散票・無効票が出て、しかも、このうち六九票が白票であったことから、党内には少なからぬ反鳩山勢力が存在していることが明らかになった。

5　反吉田路線の自民党

派閥対立で小選挙区制法案廃案

一九五五（昭和三〇）年二月の第二七回総選挙で、両派社会党など革新陣営が憲法改正阻止に必要な一五六を六上回る議席を獲得したことにより、これまで憲法改正の必要性を訴えてきた鳩山首相の目論見はとりあえず阻まれることになった。そこで、その壁を突破するために期待を集めたのが、改憲発議に必要な三分の二の議席確保を可能にする選挙制度への変更であった。

ところで、緒方が急逝するまで、自民党の勢力分布は、初代総裁に鳩山を推す三木武吉、岸信介、河野一郎ら旧民主党主流派と、緒方を推す大野伴睦、石井光次郎ら旧自由党主流派との対立といった構図であった。これに対し、旧民主党内の松村謙三、三木武夫ら旧改進党系、旧自由党内の池田勇人ら吉田直系は傍観ないしは反主流的態度をとっていた。これが、緒方の急逝で鳩山の初代総裁が決定的になると、緒方派は石井が継承したが、大野は三木・河野と繋がり、鳩山に接近した。また、旧吉田派は池田派に衣替えした。

この派閥構造と結党直後の党内事情は、鳩山の宿願である憲法改正を射程に入れた小選挙区制法案の行方に大きな影響を与えた。そもそも、鳩山は総裁就任の直後からすでに早期退陣が取沙汰され、それが鳩山の政治指導上の制約になっていたし、また、三木、河野、大野らの主流派の主導権を覆すための材料に小選挙区制法案が利用された。

さらに、反主流派の立場に立てば、小選挙区制が実施されると党執行部の権限が飛躍的に強くなるという事情があった。これは同法案のなかに候補者公認制の法制化という項目があって、小選挙区で保守の乱立を防ぐため、候補者を法的規制によって絞ろうというものである。この公認制度と結びついた小選挙区制は、党執行部の統制力を飛躍的に強化するとともに、党内反主流派には著しく不利に働く。したがって、反主流派にとっては武装解除に等しいこの制度の実現に熱心になるはずもない。旧吉田派の益谷衆議院議長がこの法案に消極的だったのも、こうした事情が作用していた。そもそも益谷の議長就任は、両派社会党と自由党が協力し、民主党の三木を破って実現したものだから、社会党の立場をも考慮しなければならない。

なお、益谷議長と社会党国対族との関係については、以下のような興味深い逸話がある。当時、社会党の国対委員のひとりだった山本幸一によれば、益谷議長はときどき密かに社会党国対委員を呼んでその言い分を十分に聞き、同党の立場を考えた国会運営をしたという。そして小選挙区制法案がいよいよ参議院へ送られてくるという前日、山本と池田禎二、渡辺惣蔵の三人の同党委員、それに社会党出身の杉山元治郎副議長が益谷の招待で赤坂の料亭に呼ばれた。そこでの話し合いのなかで本会議を休憩に持ち込むためのヒントを益谷から得た山本らは、そのヒント通りに議場を「混乱」状態に陥れるため、「岸幹事長の胸を二、三発殴」り、また自民党議員のテーブルを飛び回って「山幸の八艘飛び」と称されるほどの乱暴振りを示した。その結果、議長が「休憩」を宣言。こうして、同法案最大の山場は水を差され、流れが変わってしまったという。

また山本によれば、この日五六年四月三〇日の昼から益谷の馴染みの料亭で益谷と酒を飲んでいたところ、そこへ岸幹事長が迎えに来たとの報がはいる。しかし、益谷は居留守を使う。山本は「かねてから吉田自由党系は小選挙区制に反対であると聞いていたが、保守党の対立の激しさを目の当たりに見せつけられた」（山本幸一『山幸風雲録』）とも回想している。

益谷は芦田に「党の幹部は強行するつもりらしいが、こんな不人気なことを強行したら革命ですよ」（『芦田均日記』一九五六年四月二四日）と言ったという。その益谷議長と社会党国対族との連携によって、小選挙区制法案は同年六月には審議未了・廃案に追いやられることになった。

鳩山引退の花道日ソ国交回復

総選挙に続く一九五六（昭和三一）年七月の参議院議員選挙における社会党の躍進で、鳩山は当面憲法改正とそれによる再軍備の道を封じられた。そこで唯一独自色を出せる、しかも実現可能な課題は、日ソ国交回復しか残っていなかった。しかし、こちらもまた、党内派閥の思惑に翻弄されることになる。

鳩山が初めて国交回復の考えを明らかにしたのは、鳩山が日比谷公会堂で追放解除後の第一声をあげた一九五二年九月一二日であったという（鳩山前掲書）。それまで、ソ連はサンフランシスコ講和条約に調印せず、日ソ間には戦争状態が継続していた。しかし、実際に両国に交渉の動きが生じるのは、鳩山内閣がまだ発足して間もない五五年一月二五日、元ソ連駐日代表部のドムニツキー主席が鳩山邸を訪ねて、国交正常化に関するソ連政府の公式文書を手渡したことに始まる。それまでにもドムニツキーは重光外相へ連絡をとったが、日ソ交渉に消極的な重光には会うことがかなわず、直接鳩山のもとにやってきた。それも、鳩山によれば、新聞記者に見つかると必要以上に騒がれるというので、台所から邸内に入れたという。交渉の糸口を見つけるのに苦慮していた鳩山にすれば、まさに渡りに船だったに違いない。

日ソ間の交渉は、六月一日からロンドンで開始された。日本側の全権は、戦前に外務次官、戦後は追放解除後に駐英大使を歴任し、そして、一九五五年二月の第二七回総選挙で民主党から初当選していた松本俊一衆議院議員。ソ連はマリク駐英大使を全権として交渉に臨んだが、領土問題で話がまとまらない。八月になってソ連は非公式に歯舞と色丹の返還を示唆してきたので、松本はこの線での妥協について請訓を仰ぐと、重光外相はこれを拒否し、国後、択捉についても返還をあくまで主張するよう訓令を発した。そのため、会談はいったん中断してしまい、交渉が再開されたのは翌年一月になってからだった。

この間の一九五五年一一月一五日に自由民主党が結成されたことで、鳩山は重光のみならず日ソ国交に消極的な旧自由党吉田派という厄介な勢力を抱え込んでしまった。たとえば、再開された交渉に際しては、国後、択捉、歯舞、色丹四島の無条件返還などを交渉の条件とする自民党の新しい党議を決定していた。このため、歯舞、色丹は平和条約発効時に日本に譲渡し、南樺太と千島はソ連の帰属とするソ連側の立場とに大きく隔たりを生じ、三月二〇日にはデッドロックに乗り上げてしまった。そこで、ソ連は日本側に揺さぶりをかけるため、北洋漁業の制限を押し付けてきたが、鳩山側近の河野一郎農相は漁業交渉を通じて事態の打開を図った。そもそも、河野自身が終戦後の一時期に日魯漁業社長を務めた業界関係者であったが、日ソ交渉の経過はポスト鳩山をにらんだ党内権力闘争の過程と重なり合っていたため、鳩山後継としての岸信介を支持する河野は鳩山の次をうかがう重光との対抗上、ここは是が非でも重光の優位に立ちたいところであった。ちなみに、河野が岸に支持を約束（岸・河野密約）したのは、五五年八月重光外相の訪米に二人が随行した際であったといわれている。

このとき、河野は鳩山内閣が続く限り岸が鳩山に協力することを条件に、岸が総理大臣になるについては全力をもって支援すると約束したという（鳩山前掲書、岸①）。

いっぽう、重光は参謀格の大麻唯男の勧めによって、五六年七月末から再開された交渉に全権として乗り込んだ。実は全権候補には鳩山派の砂田重政や、戦前、外相や駐ソ大使を歴任し、当時は参議院議員であった佐藤尚武の名があがったが、ここで政治的得点をかせぐために重光外相自らが交渉に臨んだ。しかし、対ソ強硬派であったはずの重光が鳩山後を考えてソ連の主張する歯舞、色丹返還のみで妥結しようと急に態度を変えたため、政府は交渉を中断させた。重光は前年八月に訪米してダレス国務長官に対して日米安保改定を打診し拒絶されたことに加えて失点を重ね、自らポスト鳩山の芽を摘んでしまった。

かくして、鳩山首相は自らが交渉に乗り出すことを決意する。この年、七月四日、盟友の三木武吉が亡くなるが、鳩山はその報せを聞いて「目の前が真っ暗になったように感じた。体中の力が、一度に抜けてしまった。私が、総理を辞めようという考えを持つようになったのは、潜在的にではあるにせよこの日のこの瞬間からであったようである」（鳩山前掲書）と述べているが、日ソ交渉の妥結を引退の花道にしようと考えたのだろう。これに対して、旧自由党系の池田らが「時局懇談会」を結成して、鳩山訪ソに反対した。しかし、鳩山の決意は固く、領土問題はまず棚上げにして、戦争終結宣言、大使の交換、抑留者の送還、漁業条約の発効、国連加盟の支持の五条件を基礎に交渉することについてソ連側の同意を得たうえでモスクワを訪問し、一〇月一九日に「日ソ共同宣言」に調印した。批准に際しても「時局懇談会」などは集団で欠席して反対の意思表示を行ったが、国会では満場一致の承認をえて、一二月一二日に共同宣言は発効した。これによって、一八日に日本の国連加盟も実現し、その二日後に鳩山内閣は総辞職した。

石橋の不運と岸の強運

鳩山訪ソの前、八月一〇日に軽井沢の鳩山別荘で政府・与党首脳会議が行われて、鳩山総理、岸幹事長、石井総務会長、石橋通産相、河野農相、大野伴睦、三木武夫らが出席した。そこで鳩山が早期に後継を決めて退陣する決意を述べると、河野が後継総裁の候補には岸、石井、石橋、大野の四人を挙げた。ところが、大野が「おれはそんな柄じゃない」と辞退したので、他の三人に絞られるような成り行きとなった（自民党出版局編前掲書）。鳩山は引退声明のあと具体的には誰も推薦せず、また一本化にもいたらなかった。そこで、三つ巴の総裁選が展開されることになる。

一九五六（昭和三一）年四月の自民党総裁選では、鳩山が無競争で総裁に選ばれた。このため、同年一二月一四日に行われる総裁選が事実上最初の総裁選であった。立候補したのは、岸信介、石橋湛山、それに旧緒方派を引き継いだ石井光次郎の三人であった。このうち、岸には岸派のほかに、河野派、佐藤派、旧改進党系の大麻派。石橋には石田博英らの石橋派のほかに、三木・松村派、大野派、大久保留次郎ら旧鳩山系の一部。石井には石井派と池田派が支援についた（後藤他前掲書）。

このうち、もっとも有利だったのが、幹事長を務めていた岸であったため、石橋と石井は事前に二・三位連合を約束する。最初の投票で上位になったものに、決選投票では下位のものが票を投じるというものである。石田博英の証言によれば、総裁選の二、三日前の晩、紀尾井町の料亭・福田屋で、三木と池田、石橋の三人が二・三位連合作戦を最終的に決め、一三日には東京会館で石橋・石井連合の合同懇親会を開いて二六〇人を上回る同志を集めたという（自民党出版局編前掲書）。しかし、石井の回想によれば、総裁選の少し前、府中競馬場近くの石橋正二郎別荘・鳩林荘でパーティが開かれた際、石橋と一緒になった石井は、散策しながら二・三位連合の約束をしたという。福田家の会合と鳩林荘のパーティの前後関係は不明だが、石井の回想には「勝ったものが総理になり負けた者が副総理になる」との約束もあったことが記されている（石井前掲書）。

第一回の投票では岸が二二三票、石橋が一五一票、石井が一三七票を獲得したが、過半数をとるものがなく決戦投票となり、石橋二五八票、岸二五一票とわずか七票差ながら逆転した。この選挙では、多数派工作のため、資金と閣僚・党役員ポストの空手形が飛び交ったといわれている。石井は「私のほうは、灘尾弘吉君、塚田十一郎君など、品のいい連中がスタッフで、運動費などは、まるでつかわなかった。岸君のほうには、大野伴睦君みたいな強者がついているし（大野が岸支持というのは、石井の記憶違い――筆者注）、石橋君のほうには石田博英君などいて、みんな海千山千の連中だ」（石井前掲書）というが、一説には岸派が三億円、石橋派が一億五千万円、石井派が八千万円をばら撒いたともいわれる。(富森叡児『戦後保守党史』)。そもそも岸支持の佐藤・河野連合に無理があったことが岸の最大の敗因だろう。少し前まで河野は吉田政権打倒の急先鋒であったし、いっぽうの佐藤は吉田政権を支える中核的存在だった。しかも、佐藤はこの時点では前述のように自民党には参加せずに無所属であった。こうした二人のうち、河野は岸のあとをねらう思惑から、また佐藤は兄弟の縁でともに岸を支持することになったものの、そりが合うわけもなかった。そのため、岸陣営の多数派工作は徹底さを欠いていたという。

石橋内閣の組閣に際して、約束どおり石井に対しては副総理と石井が希望する外相のポストを与えることとなった。ところが、岸は党内約半数の支持を背景に、この論功行賞人事に異議を唱えた。石井が副総理で入閣するなら、自分は入閣するわけにはいかないとし、結局、石井を閣外に置いて自分が副総理格の外相におさまった。再び石井の回想では、当初外相は岸に回して自分は通産相になるつもりであったが、そのうち、通産相も他にとられ、相談もなしに文相を回してきたので、「外務でも、通産でもないポストを、こっちの希望も確かめずにもってくるとはなにごとだ」と憤慨し、文相ポストは灘尾弘吉に渡して入閣を断ってしまった。「これが運命の分かれ目になった」(石井前掲書)。

翌年一月二三日、石橋の母校早稲田大学で総理大臣就任の祝賀会があり、吹きさらしの会場のなかでオーバーも着ずにいたため、石橋は風邪を引いてしまった。それまでに地方遊説や予算編成などで過労気味であったことも加えて、病状をこじらせ脳梗塞を引きおこした。このため、総理就任からわずか六三日間で総辞職することになった。このとき、石井が副総理であれば、石橋の後継は石井となったただろう。しかし、石橋に代わって臨時首相代理となったのは、副総理格の岸外相だった。後に本人が語っているように、まさに、石井にとっては、文相就任（副総理にも時をおいて就任するはずだった）を蹴ったときが運命の分かれ道だった。

岸は一九五七年二月二五日、国会で首班の指名を受けた。岸内閣には石井を新たに無任所国務大臣に加えたほかは、石橋内閣の全閣僚をそのまま引継ぎ、次いで、三月二一日に開かれた自民党第四回臨時党大会では有効投票四七五票中四七一票をもって第三代自民党総裁に選ばれた。岸が藤山愛一郎外相など閣僚人事で独自色を出すのは、同年七月の内閣改造からであった。

6　六〇年安保と吉田路線の復活

党内危機と岸の権謀術数

ここでもう一度、岸内閣下の派閥構造を整理しておこう。当時の自民党主流派は、岸派、岸の実弟佐藤栄作が率いる佐藤派、一九五五（昭和三〇）年八月訪米の際に岸と次期政権について密約を交わした河野率いる河野派、それに大野派の各派である。五六年の総裁選では石橋支持だった大野は、「石橋が約束した副総裁ポストを渡さないとみるや、岸につくなど変幻自在」（富森前掲書）なところがあり、この時点での強力な岸の支援者は盟約を交わした河野であった。いっぽう、反主流は五六年総裁選で石橋を支持した石橋派、三木・松村派、石井を支持した石井派、池田派であり、なかでももっとも岸に対立していたのが池田だった。

一九五八年一〇月、政府が突如警察官職務執行改正案を提出した。同法案をめぐって国会の審議はストップし、政府・自民党は会期延長を強行したものの、結局、審議未了・廃案となってしまった。この混乱以来、反主流四派から執行部批判が高まってきたので、主流派は強引に五九年三月に予定されていた党大会を一月に繰り上げて態勢立て直しを図ろうとした。しかし、それがかえって反主流の態度を硬化させ、一二月末池田国務相、三木武夫経企庁長官、灘尾弘吉文相の三閣僚がそろって辞任するにいたった。さらに、主流派のなかでも、岸と河野の折り合いが次第に悪くなり、また、副総裁の大野も辞任する決意を固めていた。「合同以来の危機」が訪れた。

そこで岸は一計を案じた。それが、一九五九年一月五日の「政権交代の密約」である。当事者の大野の回想録によれば、同日、岸の熱海の別荘に呼ばれた大野は、岸から政権への協力を要請された。岸は「歴史に残るただひとつの仕事として安保条約の改定をしたい。安保改定さえ終れば、私は直ちに退陣します。後継者としては、大野さん、あなたが一番良いと思う。私はあなたを必ず後継総理に推すつもりです」と述べたという。この場には河野も同席していた。

さらに同月九日、東京日比谷の帝国ホテル新館光琳の間で、岸、大野、河野、佐藤、それに大映社長永田雅一、北海道炭礦汽船社長萩原吉太郎、児玉誉士夫が集まり、その場で政権交代の約束が確認され、念書まで作成された。大野によれば、「まず岸君みずから筆をとり、後継者に大野君をたのむという文書をしたためた。しかも大野の次は河野、河野の次は佐藤という政権の順序まで約束したものだった。この文書には同席の七人が連署し、萩原君が北炭の金庫に保管しておくことになった」(大野①)。こうして岸は政権の危機を乗り越え、一月二四日に開かれた自民党大会で松村謙三を三二〇対一六六で破り、自民党総裁に再選された。

この密約は結局「空手形」に終わってしまうのだが、実は岸の手形は大野だけでなく、池田や石井、藤山愛一郎にも発行されていたという。大野によれば、岸は一九五九年末、吉田を立会人に池田に政権譲渡の密約を結び、さらに六〇年一月、安保条約調印の全権就任の受諾を得るため、石井に次期政権を約束した。また藤山にも次期総裁選挙に出馬を要請したという(大野①)。

なお、大野との誓約書について、岸は回顧録のなかで、誓約書を交わすにあたって、「約束を実現するためには、あなた方が私に全面的に協力することが前提である」ので、「もしあなた方がこの約束を違えたなら、この誓約書はその瞬間に反故になるとご承知いただきたい」と述べたが、「六月の第二次岸内閣の組閣及び党役員改選で河野氏は私に反対する態度に出た。続いて倒閣の動きを見せるようになった」ので、「この段階で誓約書は反故になったといってよい」(岸②)と弁解している。

一九五九年六月の参院選後に再び党内危機がやってきた。選挙後の内閣改造で、岸は安保条約改定へ向けて党と内閣を強化するために、河野と池田の二人の有力者を同時に取り込もうとした。しかし、河野と池田は犬猿の仲である。しかも、池田は反岸の急先鋒でもあった。また、河野は政局の主導権を握るために幹事長ポストを要求し、入閣は拒否した。岸は河野に「君が入れば池田君は入らないかもしれない。だけども君が入ってくれなければ池田君は入ることになる。そうなると従来の関係の袂を分かって池田君と手を握ることになる」（岸前掲書）といって口説いたという。河野は先に池田が入閣を拒否した新聞記事を見て、池田が入らなければ岸は河野を引きとめにかかるだろうと踏んだのである。ところが、池田はその年の二月に初めて掲げた「所得倍増論」を実現するために、是非とも通産大臣になって欲しいとの岸からの要請に応じてしまった。この一件で、大野、河野、萩原、永田、児玉の五人は、帝国ホテルの一室に待機していたが、いよいよ池田の入閣が決まったとの連絡を受けて、「とっさに、部屋の空気が、一ぺんに緊張した。大野さんも河野さんも、さっと顔付が変わり、互いに無言のまま面を見合わせた」（児玉前掲書）。河野と池田が入れ替わった一瞬だった。池田が入閣すると、河野の入る余地がなくなり、岸とはかつて盟友関係にあった河野は離反した。

安保騒動と岸退陣

岸内閣の最大の課題となった日米安保改定問題について岸首相は、かつて重光外相に同行してダレスを訪問した際に、憲法上の理由から日本は「共同防衛の責任」を負えないではないかと一蹴され、苦い思いをした経験があった。そこで、岸はまずアメリカに対して周到な布石を打ったうえで、一九五七（昭和三二）年六月下旬に訪米し、首脳会談において安保改定の原則的了解を取り付けた。五六年一〇月の砂川事件（米軍立川基地拡張反対運動をめぐる流血事件）や五七年一月のジラード事件（米兵による日本婦人射殺事件）など日本国内の反米感情の高まりが、アメリカを動かしたのである。改定交渉は五八年九月になって開始され、一年三ヵ月の交渉を経て六〇年一月にワシントンで調印された。

新安保条約は、在日米軍の配置や行動について「事前協議」がおこなえること、日本国内の内乱に米軍が出動できるとした「内乱条項」を削除するなど、いくつかの点で改善をみたが、そのいっぽうで、在日米軍は「極東地域」の防衛の任にあたることになり、それがアメリカ主導の戦争に巻き込まれるとの批判を生んだ。

政府は一九六〇年一月三〇日に再開された第三四通常国会に新安保条約等を提出するが、以後国会での社会党の抵抗や、野党や労働組合、学生団体などの反対運動が展開されていく。そこで、国会の会期内に条約の批准は困難とみた政府・自民党は、五月一九日、警官隊を衆議院に導入して本会議開会に抵抗する社会党議員を排除し、野党が欠席のまま五〇日の会期延長を決めた。また、引き続いて翌日未明まで開かれた本会議でも、新条約の承認と関係案件が、野党議員全員と自民党反主流派の石橋派、河野派、三木・松村派から二六名が欠席するなか、自民党単独で可決された。

強行採決を行ったのは、一九六〇年六月一九日にアイゼンハワー大統領が初の訪日の予定だったので、政府としてはその前に条約を成立させる必要があったからである。そのため、参議院での自然承認に必要な一ヵ月を見込んで、五月二〇日までに衆議院通過をはからなければならなかった。この強行採決が転機となって安保反対運動は「反岸」運動へと変わり、空前の高まりをみせた。以後、国会は空白状態となり、岸は院外大衆闘争の波と与党内の反岸勢力の猛攻に耐えつつ、ひたすら条約の自然承認を待つ以外にはなかった。六月一九日、条約は自然承認されたが、女子学生の死亡など流血事件によって予定されていた初の米大統領の訪日は困難になり、岸首相は訪日中止をアメリカに要請するとともに、批准書の交換を終えた二三日、閣議で退陣の意思を表明した（七月一五日に総辞職）。

批准書交換については興味深い逸話がある。当時、大物官房長官であった椎名悦三郎の代わりに、官房長官的な仕事をさせられていた福田赳夫農林大臣（のち首相）によれば、改定安保条約が成立した瞬間にその成立を確認する内閣声明を用意し、その内容を副総裁の大野や石井総務会長、船田政調会長に見せると、彼らは「岸内閣はここで退陣する」との一項が抜けている、として承知しない。彼らの言い分は、新安保条約は成立したが、批准書の交換がなければ発効しない。批准書には天皇の御名御璽が必要だから宮中に批准書を持っていかねばならないが、それは国会や首相官邸周辺が大群衆に取り囲まれて困難である。したがって、まずこの大群衆を退散させなければならないが、もはや実力で排除する時間はないので、岸内閣が「退陣する」と声明することで群衆をなだめる以外にない、というものであった。そのとき、岸首相は「批准書の交換は『実は十日前にハワイですんでいる』と言ってくれ」と福田に言ったという。そこで、変装した福田は大群衆のなかを徒歩で、大野らが待っている赤坂プリンスホテルまで出かけ、岸の言うとおりに説明して了承を取り付けた。しかし、「本当はハワイでの批准書交換などはしてなかった」（福田前掲書）のである。岸の打った大芝居であった。

ここでついでに、安保騒動に関する逸話をさらに二つほど紹介しておこう。そのひとつは、自衛隊の治安出動の件である。反対運動が山場を迎えていた最中、当時防衛庁長官だった赤城宗徳は、岸首相に自衛隊の治安出動を要請されたという。赤城の回想によれば、「さすがに閣議で、公式に自衛隊の出動が論議されたことはなかったが、懇談会では、当時の佐藤蔵相や池田通産相などから、わたしを捉えて『なんとかして自衛隊を出動させることはできないか』としばしば談じこまれた」という。また、「川島幹事長が地下道を抜けて赤坂檜町の防衛庁にあらわれ、『なんとか、アイク訪日を無事に実現させたるため、自衛隊を出動させてくれ』と要請に来た」ともいう。そして「あれは、六月十四日か十五日のことだったろうか、南平台の首相私邸に呼ばれたわたしは、岸首相からじきじきに、自衛隊出動の強い要請を受けた」が、赤城は「この事態においても、アイク訪日に自衛隊を出動させるべきではないことを直言した。悲壮な、まったく息づまるような一瞬であった。岸首相は腕組をしたまま、黙って聞いていたが、最後にはついに納得してくれた」（赤城宗徳『今だからいう』）と、その緊迫した状況を述べている。戦争中は徹底抗戦派（護国同志会）だった赤城によって、生まれたばかりの自衛隊は守られたのである。

いまひとつは、岸内閣総辞職の際の「西尾末広首班工作」の一件である。再び福田赳夫によれば、すさんだ民心を沈静化するためには、革新勢力にも影響力のある内閣が必要ということで、福田は岸に「西尾さんは民社党の党首だが、自民党でも支持できるし社会党でも支持できる、つまり挙国体制を作り得る」として、西尾首班を進言したという。西尾は福田に三回会って、二回までは乗り気だったが、三回目に「西尾首班ということになれば、私は政治家としてここで死ぬことになる」と辞退し、それでこの話は打ち切りになった。また、「西尾首班」構想について、岸は福田に「大勢がまとまってもだね。大野伴睦君がどうかなあ」と心配顔だったという。例の「政権交代の密約」の件である。福田は岸首相が辞任表明をする直前に、川島幹事長からこの密約の話を聞かされたという。ただ、福田によれば、岸、大野、河野、佐藤の四氏の協力体制は、一九五九年六月の内閣改造と党役員人事で河野が反岸を表明し、ついで倒閣の動きを見せるようになったので、「反故となり、誓約書の有効期限は半年足らずで終わった」が、「岸首相としては心のどこかにひっかかるものがあったのだろう」（福田前掲書）との岸寄りの見方を示している。

党人派対官僚派の決戦

岸の後継総裁については、川島正次郎幹事長が調整にあたったが、最優勢とみられた池田が公選を主張し、ついに「話し合い」は打ち切られて、七月一三日に総裁公選が行われることになった。池田は佐藤派、大野には河野派が支持にまわった。このほか、石井、藤山、松村らが立候補を表明し、岸派は最初中立と称していたが、途中から池田支持になった。こうして、池田、佐藤、岸の官僚三派に対して、石井、大野、河野、三木・松村、石橋の党人五派は池田を「岸亜流政権」と批判して、党内は「官僚派」対「党人派」に二分される状況になってきた。

党人派では七月一二日の深更、優勢が伝えられる池田に対抗するため、それまでの約束であった大野と石井の二位・三位連合をやめて、候補者を石井に一本化する動きが出てきた。そのあたりの事情を大野の回想録から拾ってみよう。

一二日夜、ホテル・ニュージャパン六階に泊まっていた大野を、大野派の村上勇と水田三喜男、青木正の三人が訪ねてきた。青木によれば、川島幹事長に呼ばれて帝国ホテルに行ってみると、石井派の灘尾弘吉がいて、参議院の石井派が切り崩され、総崩れになったので、約束と違って迷惑をかけるかもしれない、ということであった。「石井派との間には上位優先の盟約があった。私と石井君と、どちらでも第一回投票で上位を占めたほうに、決戦では下位の派があげて投票するという約束」であった。と大野は言う。三名に続いて、やがて川島もやってきた。そこで、五人で議論した結果、党人派が勝つためには、大野が降りて大野票を石井に与える以外にない、ということになった。「私の支持票は結束が堅く、私がおりても一本になって石井（光次郎―原注）君に集まるが、石井君が決選に残らなかった場合、石井君の支持票の大部分は大野派との盟約を破り、池田（勇人―原注）君に投じられるという見通しだったから」（大野①）というのが、大野が降りた理由とされる。

ところが、石井の回想録では少し様子が異なる。この総裁選では、かつて石橋と石井が組んだような約束はなかったという。「石井派のなかには、決戦投票になったとき大野君を応援するのはいやだという者がかなりいる。特に参議院にそういった人たちが多いという状況判断であった。今度は、別になんら約束はないが、もし第一回目の投票で大野君が上位になったときに、決戦で石井派の票が割れるようなことになっては、裏切り行為だといわれるおそれがある」ので、「総裁選挙の前の晩に、うちのほうから灘尾弘吉君、坂田道太君など、二、三の連中を大野派に使いに出し」、大野が上位になっても石井派の全員の票が行くことは確約できないし、「私のほうが上位になっても、あなたのほうからの応援は、ご自由にしていただきたい」と申し込んだ。すると、大野派の水田三喜男ほか何人かがこれを聞いて、「この際は石井を立てて、みんな石井に応援するということにしたらどうだろうか」となり、「夜が明けるころには、私を推すことに一致した」(石井前掲書)という。

いずれにしても、これで大野が降りて、また松村も石井を応援することになり、党人派は石井で一本化されることになった。ところが、党人派連合は大野派をなだめたり、松村を辞退させることに手間取ったりして、昼に予定された総裁選の時刻が過ぎてしまい、大会場の産経ホールが夜から先約があったため、会場の都合で総裁選挙は一日延期することになった。これが党人派連合には運の尽きで、この一晩のうちに官僚派は体制立て直しを図り、状況は一変してしまった。当時、新聞記者として取材にあたっていた宮崎吉政氏によれば、この夜、岸は岸派代議士六〇人を集めて、もう一度結集して「池田支持」をするよう説得したという。その結果、党人派結集の産婆役の一人ですらあった川島も、あっさり仲間を引き連れて池田支持に回ったという（宮崎前掲書）。実は、産経ホールの先約というのは藤原義江のオペラリサイタルだったので、「春秋の筆法をもってすれば、藤原氏が池田氏を勝たせた」と宮崎氏は述べている。

かくして、七月一四日、総裁選の結果は、第一回目の投票で、池田二四六、石井一九六、藤山四九、松村五、大野一、佐藤一、無効三であり、決選投票では、池田三〇二、石井一九四、無効五で、池田が総裁に選ばれた。藤山は筋を通す建前から立候補は辞退しなかったが、第二回投票では岸との関係から池田支持にまわった。

この総裁選後に、河野は池田内閣の出現に絶望して脱党・新党結成を決意した。しかし、大野の強い説得があり、思いとどまることになる。自民党には結党後初めての分裂騒ぎであった。それから長い間、再び自民党に分裂は無縁であったが、一九七六年六月、ロッキード事件を契機に六名の議員が自民党を離党して新自由クラブを結成した（一九八六年八月に解党）。皮肉にもそのリーダーは、河野の長男で、現在は衆議院議長の河野洋平であった。

戦前型政党政治家の終焉

岸に次いで官僚出身の首相となった池田は、「岸亜流政権」の前評判から脱するため、岸の強引な政治手法を反省して「低姿勢」で「寛容と忍耐」をスローガンに掲げ、また所得倍増政策を掲げて国民の気分一新に努めた。自衛隊の治安出動を促したほどの強硬派だった池田の背後には、大平正芳や宮沢喜一、秘書官の伊藤昌哉などの優れたブレーン集団による意図された演出があったといわれる。その後、彼の後継者たちが党内外のコンセンサスを重視するようになったのも安保騒動の影響だろう。そのため、党内では派閥均衡政治が、そして党外にあっては、議会の内外での根回しを重視する国対政治が展開されるようになっていく。「憲法改正の機運をくじいた一番の元凶」は池田と佐藤、と岸が回想録で指摘しているように、彼の後の政権は安保騒動に懲りて、憲法や国防など国策の根本問題に再び取り組もうとはしなかった。

さて、主流派が官僚派、反主流派が党人派という体制で発足した池田内閣も、時が経つにつれて様変わりを見せる。池田首相は除々に党人派に接近し、かつて脱党まで考えた河野を一九六一（昭和三六）年七月の内閣改造では農林大臣として閣内に取り込み、また大野も党副総裁に復帰させた。その後の池田と河野の接近ぶりは周囲を驚かすほどであった。評論家の木舎幾三郎がそのことを聞くと、河野は「池田君の方から辞を低くして協力してくれと懇願されれば、党の一員である以上何も言えないじゃないか。……大平氏などに搦め手でやられては拒否するわけにはいかない」（木舎幾三郎『続・政界五十年の舞台裏』＝木舎④）と語ったというが、池田としては次を狙う佐藤を河野で牽制する必要があった。

一九六四年七月に行われた自民党総裁選では、主流派と反主流派は完全に入れ替わってしまった。三選を目指す池田を支持するのは、池田、河野、川島、旧大野の主流四派、それに三木の各派であった。このうち、川島派は岸派から福田派（党風刷新連盟）と袂を分かれてできたものである。なお、「旧大野派」と称したのは、党大会を目前にした五月二九日に大野が死去していたからである。いっぽう、佐藤を支持するのは、佐藤、福田、石井の三派で、ほかに藤山が立候補した。この総裁選では藤山が佐藤に二位・三位連合を約束したといわれ、反池田連合はそのため第一回投票で池田に過半数を取らせないために、「忍者部隊」や「一本釣り」で自派に引き入れる工作を盛んに行ったという。投票勧誘に際して、二箇所、三箇所から対価を受取ったものを、洋酒の銘柄に因んで「ニッカ、サントリー」、あるいはすべて受取ったものを「オールドパー」などと呼んだのもこの総裁選の時であった。

こうして、「公選史上最も醜い」と言われたなりふりかまわぬ一戦の結果、池田二四二、佐藤一六〇、藤山七二、そのほか四で、過半数をわずかに四票上回って池田が三選を果たした。河野はこの総裁選から一段と池田と親密さを増し、池田も河野を重視した。そのため、ポスト池田について河野は大変な自信を持っていた。前出の木舎は、池田との間には「秘められた盟約ができていたのではないか」（木舎④）という。しかし、その四ヵ月後、事態は思わぬ方向に展開した。

一九六四年一〇月二五日、それはちょうど東京オリンピック閉幕の翌日、喉頭癌に冒された池田は、療養のために辞意を表明した。後継総裁は川島副総裁と三木幹事長が党内の意見調整を行い、その結果に基づいて池田が指名することになった。後継総裁の候補者は、佐藤、河野、藤山の三名である。

この意見調整の過程では、川島も三木も元首相の岸、石橋、吉田の意向は尋ねたが、池田の意向は聞かなかったという。川島の証言によれば、石橋も岸も佐藤を後継者に推した。吉田は「『ボクの出る幕はありません』と意見を述べようとしなかったが、別れぎわになって、ひとりごとのように『昨年の七賢堂（吉田の大磯別邸にある建物―筆者注）のパーティのとき、池田君は佐藤君に〝キミ、急ぐなよ、次はキミの番だから〟といっているのを聞きましたよ』という。何のことはない。吉田さんも『佐藤君が後継者だ』ということを暗にほのめかしたわけだ」（東京新聞社編前掲書）と、吉田のおとぼけぶりを回想している。

また、池田派で前幹事長の前尾繁三郎と前外相の大平正芳も裏方として動いたが、彼らもまた池田とは連絡を取らなかったという。吉田や財界の支持を得た佐藤が次第に優勢となり、一一月九日朝、入院先の東京築地の国立がんセンターを訪れた川島と三木が池田に伝えたのは佐藤の名だった。池田は佐藤を指名し、「きまってよかった、佐藤のほうが俺はやりやすい」（伊藤昌哉『池田勇人その生と死』）と語ったという。それから五分後に自民党両院議員総会が行われ、自民党総裁に佐藤栄作が決定した。河野はその翌年七月八日に急死したが、佐藤はその日の日記に、「梟雄（きょうゆう）去るの感なり」と記した。梟雄とは「残忍で荒々しくて強い人」という意味である。佐藤の河野観の一端が窺える。河野の死は戦前型政党政治家の終焉を意味するものだった。

おわりに

幕末にヨーロッパに渡った福沢諭吉は、初めて見る政党政治について、「党派には保守党と自由党と徒党のようなものがあって、双方負けず劣らず鎬を削って争うているという。何のことだ、太平無事の天下に政治上の喧嘩をしているという。サアわからない。コリャ大変なことだ、何をしているのか知らん。少しも考えの付こう筈がない。あの人とこの人とは敵なのだというて、同じテーブルで酒を飲んで飯を食っている。少しもわからない」（福沢諭吉『福翁自伝』）との感想を漏らしている。このように、近代日本の知性を代表する福沢ですら、幕末当時は欧米の政党政治が全く理解できなかったのである。

そもそも、近代以前の日本人にとって、議会や選挙の根底にある「多数決原理」の発想は無縁に近かった。「多数決原理」とは、「あらゆる意思を公開の場で自由に討論せしめ、そのなかから相対的真理を発見してゆく」（辻清明編『岩波小辞典政治』第3版）ものであるが、近代以前には「公開の場で自由に討論」すること自体が一般には許されていなかったわけである。また、政党のような集団は、「徒党を組む」ものとして禁じられてきた。それが、維新からおよそ四半世紀後には、総選挙を実施し帝国議会を開設し、それからさらに四半世紀後（つまり維新から半世紀後）には本格的な政党内閣である原敬内閣が誕生するのだから、わが国の外来文明の吸収度の高さには驚くほかはない。

といって、それはアングロ・サクソンの発明した「多数決原理」など、西欧民主主義の原理までも完全に消化したことを意味するものではなかった。そのために、満州事変以降、脇役に追いやられた政党政治家のうち、焦りを感じた一部の政治家が自己の復権をかけて「一国一党論」を唱えた。「一国一党論」とは、すなわち「一党独裁政治」のことである。当時、ヨーロッパに台頭してきたナチス・ドイツやイタリア・ファシズムの影響によるが、「独裁」はいかなる場合も「多数決」とは原理的に相容れない。

だが、これを政党政治擁護の立場から鋭く批判した代議士がいた。本論において触れた「腹切り問答」の浜田国松である。浜田は「政党と云うものは幾ら軍民一致したって、一つじゃ済むものではない。政党と云うものは対立に意義がある。国政に付いて意見を異にする場合に、政治の責任をお互いに追及する所に、摩擦と相克の間に真理の発見と妥当なる政策の生み出しがある」と、見事に「政党政治」の真髄を喝破した。それは、福沢が欧州の政党政治に困惑したときから数えて、およそ七五年後のことであった。ちなみに、浜田といえば、もともと尾崎行雄の門下であったが、政界に入ってからは犬養毅の傘下に加わり、尾崎とは同じ三重第二区で両者共存の美風を作った。一九三九（昭和一四）年九月に死去したため、同交会に参加することはなかったが、生きていれば尾崎や鳩山らと同じ戦列に加わったことだろう。

おそらく、戦前型政党政治家のなかで、もっとも西欧の民主主義や自由主義に原理的に接近した人物は、同交会のメンバーでもあった植原悦二郎だろう。植原は長野県南安曇郡に生まれ、横浜税関などで働いていたが、一八九九（明治三二）年一二月アメリカに渡り、苦学してワシントン州立大学を卒業した。さらに一九〇七年九月にイギリスに移ってロンドン大学に入学。ここでは、現代政治学の開祖ともいわれるG・ウォーラス教授に学び、博士号を取得している。一一年に帰国した植原は、蔵前高等工業学校（東京工業大学の前身）講師や明治大学教授となり、英語や政治学、比較憲法学などを教えた。また犬養毅の強い勧めで一九一七（大正六）年の総選挙から衆議院議員に立候補し、通算一三回当選した。政界では国民党から革新倶楽部、政友会と一貫して犬養と政治的行動をともにし、三二年には衆議院副議長となった。

今日、大正デモクラシーの代表的論者と考えられている吉野作造ですら、大正時代は帝国憲法の通説的解釈である天皇主権説に配慮して、デモクラシーを主権在民の「民主主義」と区別するために「民本主義」という訳語を使っていたほどである。これに対して、植原は例外的に当時から国民主権説を唱えていた。そして、主権在民の立場から、各種の雑誌で吉野に憲法論争を挑んだ。植原によれば、主権とは国民全般の「綜合意思」であるとし、主権を統治権とは区別する。そして、主権なるものはどこの国でも在民であり、「大日本帝国は万世一系の天皇之を統治す」とした帝国憲法第一条も、これは単に天皇の統治権を明記したもので、主権の所在を明記したものではない、しかも、天皇の統治権は憲法によって制限されているが、それゆえ、統治権が最高、唯一、絶対の性格をもつ主権を意味するものでないことは明らか、とする。

このほか、植原は急進的デモクラットとして、普選の実現、軍部大臣武官制の改正、枢密院官制の改正、貴衆両院制度の改革、陪審制の導入、地方自治制の改革、など憲法の改正にまで及ぶ問題を論じた。このように、彼が戦前もっとも西欧の民主主義や自由主義に原理的に接近した人物のひとりであったことは疑いない。

同交会のメンバーの植原は、翼賛政治体制協議会の非推薦候補であったから、翼賛選挙では徹底した圧迫をうけた。植原の自伝『八十路の憶出』には、臨検の警部に演説を妨害され、演説会は解散を命じられたことや、当局が投票立会人や開票立会人を徹底的に妨害し、逆に推薦候補のために警察官が戸別訪問をしたことなどが書かれている。ところが、翼賛選挙では「非国民」扱いだった植原も、戦後は一転して台閣に列することになった。すなわち、第一次吉田内閣では無任所国務大臣となり、次いで同内閣の途中から警察の総元締めである内務大臣に就任する。

日本国憲法が公布されたのは一九四六年一一月三日だが、植原はこのとき国務大臣として憲法改正案に副署している。前述のように、大正時代から国民主権説を唱え、象徴天皇論など日本国憲法の内容を先取りするような主張を展開していた植原にとって、まさにこの憲法は彼の理想に合致するものであったはずである。ところが、植原は閣僚のひとりとして憲法制定の議会に臨みながら、憲法担当大臣を金森徳次郎に譲って制定過程には積極的な関わりをもたなかった。

岸信介内閣の下で設置された憲法調査会の第九回総会（一九五八年二月五日）に、植原は参考人として出席し発言しているが、ここでその真意を明らかにしている。それを要約すれば、改正案はマッカーサー草案を鵜呑みにしたものであり、修正を要する箇所が多く存在するにもかかわらず、いかなる修正をも許されないからであった。ただし、単にこれがアメリカから与えられた憲法だから、というわけではない。ここで植原のことに触れたのは、占領軍の干渉がなくとも、いずれは自力で日本の憲法が国民主権のレベルに到達した可能性があったことを示したかったからである。

わが国の政党政治家たちは、戦前は軍部という強力な政治的ライバルの干渉にあい、次第に逼塞を余儀なくされた。しかし、それでも一部の政党政治家たちが議会政治擁護の立場を貫いたことで、戦後の政党政治のスムーズな復活が可能になった。もし仮に戦時期に議会政治擁護派の存在がなかったら、戦後の議会からは戦前の政党政治家がすべて追放されて、そのあとは政治素人の官僚出身者と、議会運営に不慣れな社会民主主義者、あるいは議会政治や政党政治を原理的に否定する共産主義者などのぶつかり合いの場となって大混乱したことだろう。

政党政治家たちの不幸は、戦前だけにとどまらなかった。戦後は占領軍という強大な政治権力の干渉に遭遇したからである。その結果、戦後の政党政治は、とりわけ恣意的・政略的な公職追放を通じて再び屈折した姿になった。しかも、公職追放はかえって戦争中に議会政治擁護の立場にあった政党政治家と翼賛体制派や戦前の革新官僚を、反吉田戦線の結成を通じて結びつけることになった。たとえば、第一次鳩山内閣の閣僚名簿のなかには、安藤や河野の名があるいっぽうで、鶴見祐輔（厚相）、武知勇記（郵政相）、三好英之（国務相）、大麻唯男（国務相）など、かつての親軍的な「革新派」ないしは「翼賛体制推進派」の名を見つけることができる。鳩山たちが政界に復帰したときに掲げた「自主憲法制定」や「自衛軍創設」といった、独立国家なら至極まっとうな主張が国民に十分には理解されなかったのも、こうした事情から反動的なイメージが付着してしまったことにもよろう。

『鳩山一郎回顧録』に掲載されている一九四六年五月のまぼろしの「鳩山内閣閣僚名簿」には、植原は芦田、吉田と並んで外務大臣候補になっており、また、労農派経済学者の大内兵衛（蔵相）、天皇機関説の美濃部達吉（無任所相）、雑誌改造社の社長で協同民主党委員長であった山本実彦（厚相）、星島二郎（商工相）、河野一郎（運輸相）といった名もみうけられる。戦前からの自由主義者、議会主義者による政党政治の延長上に今日があったとしたら、どのような姿の日本になっていただろうか。

あとがき

私が小学校一年生の一九五九（昭和三四）年に、子供向けの週刊誌『少年マガジン』と『少年サンデー』が創刊された。今と違って、その頃これらの雑誌にはちばてつやの「紫電改のタカ」といって戦記もの漫画や、軍艦や戦闘機など兵器の解説、グラビアがやたらと多かったように記憶している。だから、私の世代には軍隊経験もないのに兵器に詳しい「軍事マニア」がいる。おそらく、こうしたかつての少年雑誌の傾向は、当時の編集者が戦争体験世代だったことによるためだろう。つまり、戦争がおわっても、それから二〇年から三〇年の間、戦争体験世代が現役であるうちは戦争の影を社会が引きずっていたことを窺わせる一例である。

政治の世界でも、戦前派政治家が現役であるうちは戦前・戦中の様々なしがらみを引きずっていたに違いない。ところが、歴史書の多くは昭和二〇年八月の敗戦を境にその記述が断絶している場合が多い。戦後までを記述している通史でも、戦前の人間関係がどのように戦後に影響していたか触れられていないことが多い。このことに不満をもったのが本書を書く直接の動機であった。

近年、政治史を政策対立軸などできれいに説明することが流行っているようだが、私はあくまで政治のなかの人間関係に着目したかった。鳩山一郎と犬養健の不仲、あるいは佐藤栄作の自民党結党時の不参加理由の一端を知るとき、つい自分の周辺の人間関係になぞらえてしまうのは私だけだろうか。もちろん、政策や思想に関心がない訳ではないが、ここはひとつ徹底的に歴史の連続性と人間関係に着目してみた。そのため、政局史になってしまった印象は否めないだろう。保守合同が目指した政治目標や理念に照らして、現在までの戦後政治をどう評価したらよいか、そもそも、戦前の政党政治や翼賛体制を歴史のなかにどのように位置づけたらよいか、十分には言及できなかったが、いずれあらためて手がけてみたい課題でもある。

本書は文春新書編集部の浅見雅男氏のお勧めを頂いてから上梓まで、実に五年もかかってしまった。浅見氏には忍耐強くお待ちいただいた上、様々なアドバイスを頂いたことに心から感謝申し上げる。また、東洋英和女学院大学前学長塚本哲也先生には、文章に目を通して頂き、鳩山や河野一郎、大野伴睦らを実際に知る元政治記者としての貴重なアドバイスを頂戴したことに感謝申し上げたい。

文献リスト

引用文献（引用順）

古島一雄『一老政治家の回想』昭和五〇年、中央公論社（中公文庫）
木舎幾三郎『政界五十年の舞台裏』昭和五〇年、政界往来社（木舎①）
阿部真之助『近代政治家評伝』昭和二八年、文藝春秋新社
大野伴睦『大野伴睦回想録』昭和三七年、弘文堂（大野①）
河野一郎『河野一郎自伝』昭和四〇年、徳間書店
久原房之助翁伝記編纂会編『久原房之助』昭和四五年、日本鉱業株式会社
有竹修二『前田米蔵伝』昭和三六年、伊藤節書房
有馬頼寧『政界道中記』昭和二六年、日本出版協同株式会社
木舎幾三郎『政界の裏街道を往く』昭和三四年、政界往来社（木舎②）
川崎秀二『勇気ある政治家たち―自由主義者のレジスタンス―』昭和四六年、仙石出版社
古川隆久『戦時議会』平成一三年、吉川弘文館
大木操『激動の衆議院秘話』昭和五五年、第一法規出版株式会社
伊藤隆・季武嘉也『鳩山一郎・薫日記』上、平成一一年、中央公論新社

風見章『近衛内閣』昭和二六年、日本出版協同株式会社
中谷武世『戦時議会史』昭和五〇年、民族と政治社
吉見義明・横関至編『資料日本現代史5』昭和五六年、大月書店
伊藤隆『近衛新体制―体制翼賛への道』昭和五八年、中公新書
鳩山一郎『鳩山一郎回顧録』昭和三二年、文藝春秋新社
粟屋憲太郎編『資料日本現代史3』昭和五六年、大月書店
西尾末広『西尾末広の政治覚書』昭和四三年、毎日新聞社
児玉誉士夫『悪政・銃声・乱世』昭和四九年、廣済堂出版
自由民主党広報委員会出版局編『秘録・戦後政治の実像』昭和五一年、永田書房
斎藤隆夫『回顧七十年』昭和六二年、中央公論社（中公文庫）
大麻唯男伝記研究会『大麻唯男―伝記編』平成八年、桜田会
保利茂『戦後政治の覚書』昭和五〇年、毎日新聞社
船田中『青山閑話』昭和四五年、一新会
伊藤隆『昭和期の政治』昭和五八年、山川出版社
三木会編『三木武吉』昭和三三年、三木会
幣原平和財団編『幣原喜重郎』昭和三〇年、幣原平和財団
増田弘『政治家追放』平成一三年、中央公論新社
伊藤隆『昭和期の政治（続）』平成五年、山川出版社

春名幹男『秘密のファイル・CIAの対日工作』下、平成一二年、共同通信社
吉田茂『回想十年』第一巻、昭和三二年、新潮社
芦田均『芦田均日記』第一～四巻、昭和六一年、岩波書店
石橋湛山『湛山回想』昭和六〇年、岩波書店（岩波文庫）
石川真澄『戦後政治構造史』昭和五三年、日本評論社
日本社会党結党四十周年記念出版刊行委員会編『資料・日本社会党四十年史』昭和六一年、日本社会党中央本部
田中二郎・佐藤功・野村二郎編『戦後政治裁判史録』第一巻、昭和五八年、第一法規出版株式会社
大野伴睦先生追想録刊行会『大野伴睦―小伝と追想記』昭和四五年、刊行会
宮崎吉政『実録政界二十五年』昭和四五年、読売新聞社
犬童一男・山口定・馬場康雄・高橋進編『戦後デモクラシーの成立』昭和六三年、岩波書店
細川隆元『昭和人物史―政治と人脈―』昭和三一年、文藝春秋新社
刊行委員会編『追想の広川弘禅』昭和四三年、刊行委員会
大野伴睦『伴睦放談』昭和二七年、金融界社（大野②）
升味準之輔『戦後政治一九四五―五五』下、昭和五八年、東京大学出版会
松村謙三『三代回顧録』昭和四〇年、東洋経済新報社
増田甲子七『増田甲子七回想録』昭和五九年、毎日新聞社
後藤基夫・内田健三・石川真澄『戦後保守政治の軌跡』昭和五七年、岩波書店

酒井健亀『松野鶴平伝』昭和四七年、熊本電気鉄道
佐藤栄作『佐藤栄作日記』第一巻、平成一〇年、朝日新聞社
中正雄『益谷秀次』昭和四二年、益谷秀次伝記刊行会
石橋湛一・伊藤隆編『石橋湛山日記』下、平成一三年、みすず書房
武田知己『重光葵と戦後政治』平成一四年、吉川弘文館
岸信介・矢次一夫・伊藤隆『岸信介の回想』昭和五六年、文藝春秋（岸①）
原彬久『岸信介』平成七年、岩波新書
東京新聞編『私の人生劇場』昭和四三年、現代書房
栗田直樹『緒方竹虎』平成一三年、吉川弘文館
石井光次郎『回想八十八年』昭和五一年、カルチャー出版社
木舎幾三郎『戦前戦後』昭和三一年、政界往来社（木舎③）
岸信介『岸信介回顧録』昭和五八年、廣済堂出版（岸②）
福田赳夫『回顧九十年』平成七年、岩波書店
山本幸一『山幸風雲録』昭和五八年、日本評論社
富森叡児『戦後保守党史』昭和五二年、日本評論社
赤城宗徳『今だからいう』昭和四八年、文化総合出版
木舎幾三郎『続・政界五十年の舞台裏』昭和四九年、政界往来社（木舎④）
伊藤昌哉『池田勇人その生と死』昭和四二年、至誠堂

福沢諭吉『新訂福翁自伝』平成八年、岩波書店

辻清明編『岩波小辞典政治』第3版、昭和五四年、岩波書店

参照文献

粟屋憲太郎『昭和の政党』(『昭和の歴史』第六巻) 昭和五八年、小学館

北岡伸一『自民党―政権党の38年』平成七年、読売新聞社

北岡伸一『政党から軍部へ』(日本の近代5) 平成一一年、中央公論新社

翼賛運動史刊行会編『翼賛国民運動史』昭和二九年、翼賛運動史刊行会

衆議院・参議院編『議会制度百年史』帝国議会史上・下、院内会派衆議院の部、衆議院議員名鑑、平成二年

衆議院事務局編『帝国議会衆議院議事速記録』昭和五四～六〇年、東京大学出版会

岩波書店編集部編『近代日本総合年表』昭和五四年、岩波書店

公明選挙連盟編『衆議院議員選挙の実績―第一回～第三〇回―』昭和四三年、公明選挙連盟

戦前既成政党の系譜

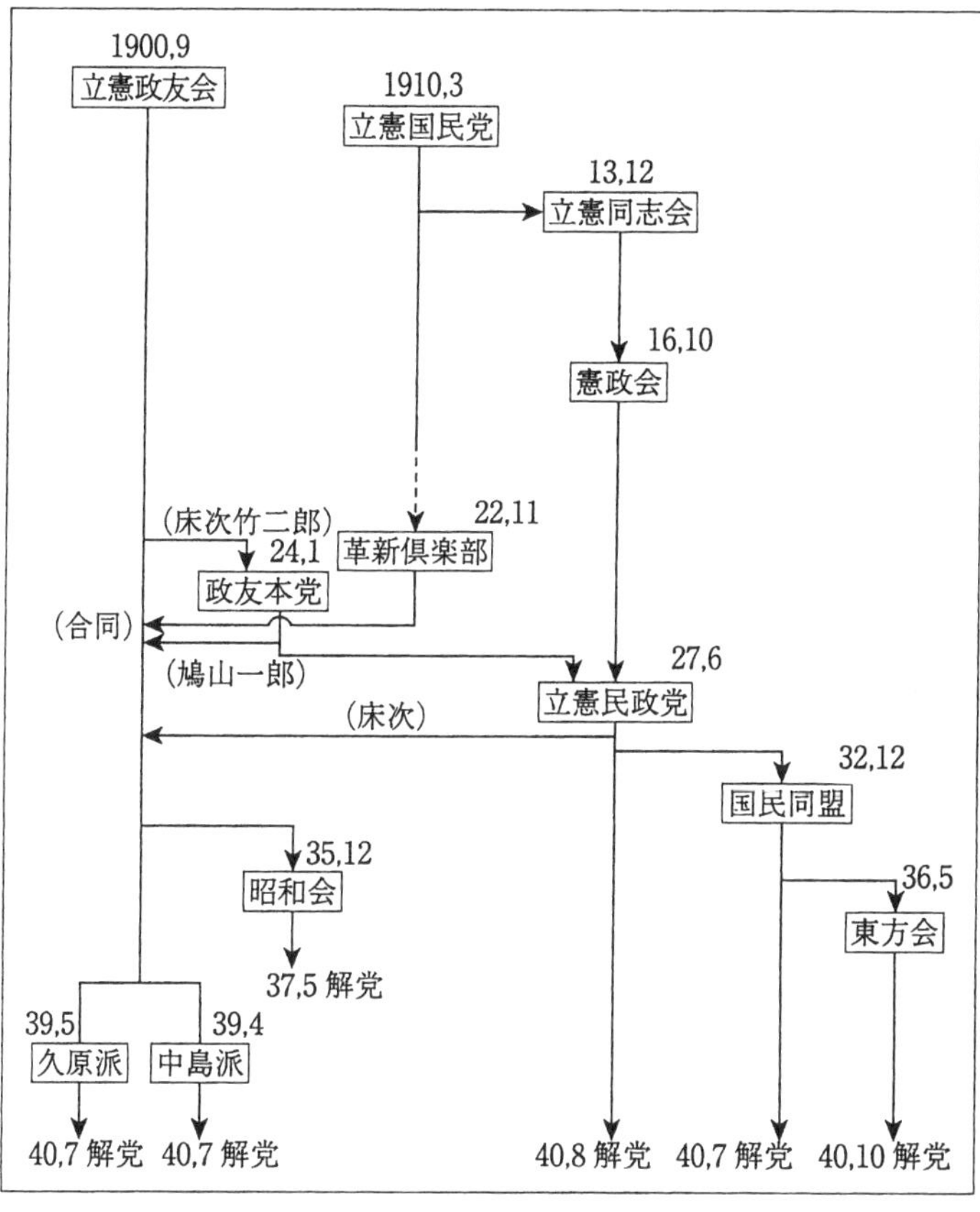
1900,9
立憲政友会
1910,3
立憲国民党
13,12
立憲同志会
16,10
憲政会
22,11
革新倶楽部
（床次竹二郎）
24,1
政友本党
（合同）
（鳩山一郎）
27,6
立憲民政党
（床次）
32,12
国民同盟
35,12
昭和会
37,5 解党
36,5
東方会
39,5
久原派
39,4
中島派
40,7 解党
40,7 解党
40,8 解党
40,7 解党
40,10 解党

無政党時代の院内会派

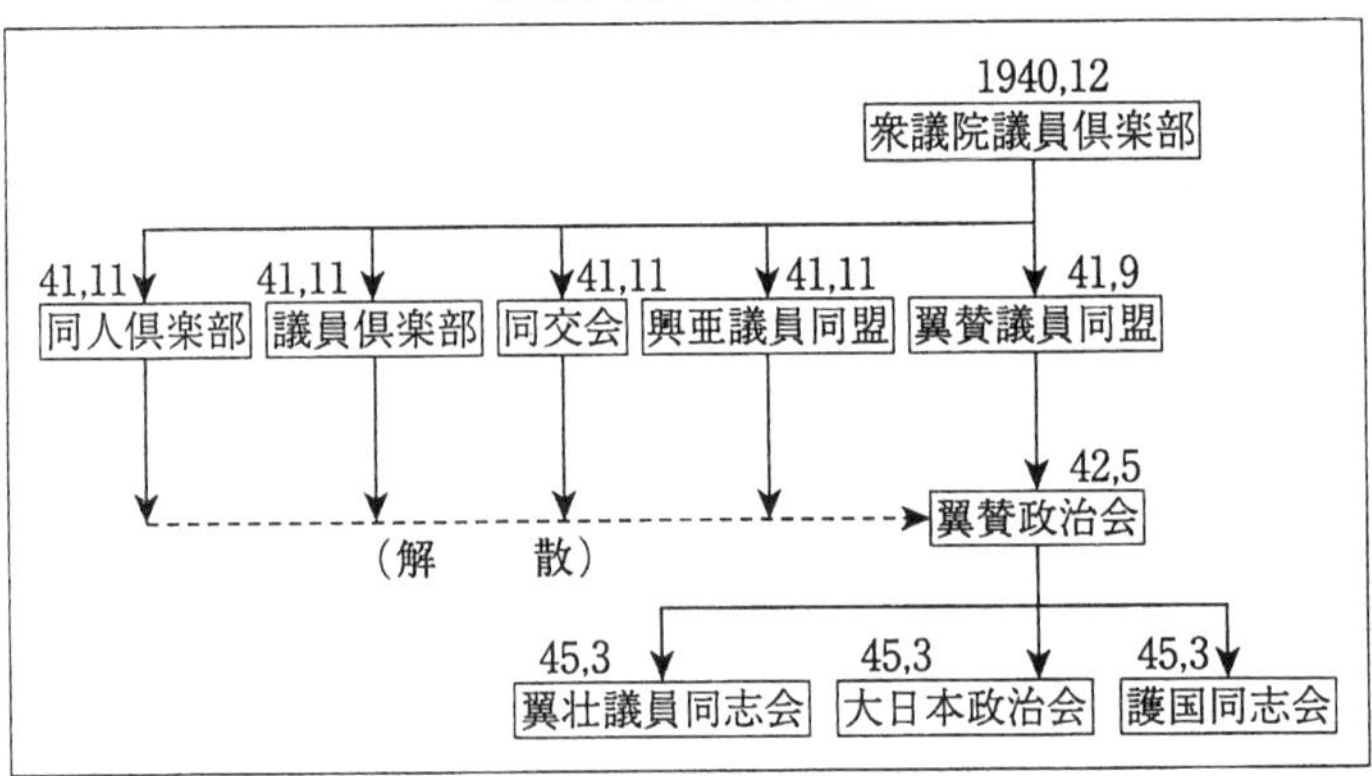
1940,12
衆議院議員倶楽部
41,11
同人倶楽部
41,11
議員倶楽部
41,11
同交会
41,11
興亜議員同盟
41,9
翼賛議員同盟
42,5
翼賛政治会
（解　散）
45,3
翼壮議員同志会
45,3
大日本政治会
45,3
護国同志会

戦後保守政党の系譜

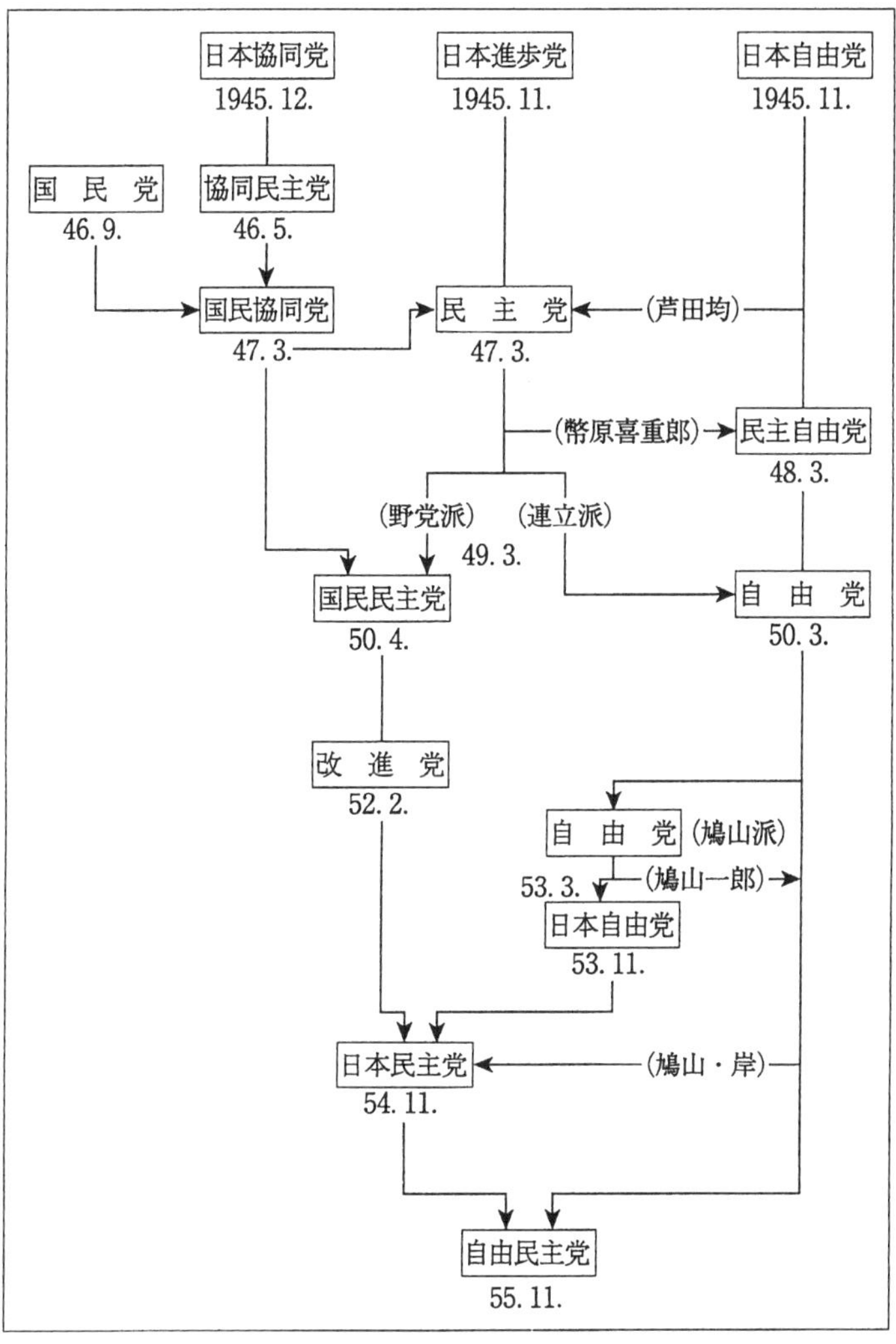
日本協同党
1945. 12.
日本進歩党
1945. 11.
日本自由党
1945. 11.
国　民　党
46. 9.
協同民主党
46. 5.
国民協同党
47. 3.
民　主　党
47. 3.
(芦田均)
(幣原喜重郎)
民主自由党
48. 3.
(野党派)
(連立派)
49. 3.
国民民主党
50. 4.
自　由　党
50. 3.
改　進　党
52. 2.
自　由　党
(鳩山派)
(鳩山一郎)
53. 3.
日本自由党
53. 11.
日本民主党
54. 11.
(鳩山・岸)
自由民主党
55. 11.

『昭和の代議士』を読む

古川隆久

著者の紹介

まず、本書の著者である楠精一郎氏について触れておきたい。

氏は一九五二年に東京都に生まれ、東京都立西高等学校、慶應義塾大学法学部政治学科を経て、一九八一年に同大大学院法学研究科博士課程を単位取得退学された。在学中は中村菊男教授、堀江湛教授の指導を受けた。一九八二年高崎経済大学経済学部専任講師となり、助教授を経て一九九四年教授となり、さらに一九九六年東洋英和女学院大学社会科学部（のち国際社会学部）教授となった。この間、明治期の司法官をめぐる政治史の研究書で初の著書『明治立憲制と司法官』（慶應通信、一九八九年）により、一九八九年に慶應義塾大学から法学博士号を授与されている。氏はその後、この研究成果を生かして一九九七年に中公新書『児島惟謙』を刊行された。

氏は明治期の司法官をめぐる政治史研究で博士号を取得したのであるが、CiNii（NII学術情報ナビゲータ）で検索すると、研究者としてのキャリアの最初は、昭和戦前・戦中・戦後の国家主義勢力や無産政党（社会主義系政党）の研究から出発していたこと、さらに、早い時期から、政治学の研究書や教科書への分担執筆はもちろん、同時代の日本政治の情勢分析も手がけていたことがわかる。政治史研究のみならず、政治学、現代日本政治の研究でも実績を残していたのである。

氏が現代政治分析の面で活躍の場としていた雑誌『改革者』は、民主社会主義研究会議刊行（のち政策研究フォーラム刊行）で、氏の指導教員である中村・堀江両氏は同会議の理事を務めていたことが紙面からわかるので、その関係で寄稿者となったのと推察される。同会議は、役員の一部が民社党関係者であることや、寄稿されている文章の論調からして、民社党の外郭団体であったと見なすことができる。また、楠氏は世界政経調査会国際情勢研究所刊行の『国際情勢　紀要』にも同時代の日本政治分析の論考を多数寄せている。同研究所は、一九六一年に国際情勢研究会として創設され、二〇一一年に世界政経調査会という政府系の調査機関（二〇一三年段階の会長は元警察官僚である。同会ＨＰ）と合併した（国際情勢研究所ＨＰ）。

一方、氏はその後、昭和戦前・戦中の衆議院選挙について、主に制度面からの研究を進める一方、人物に焦点を当てた一般向けの日本政治史の読み物として、『列伝・日本近代史』（朝日新聞社、二〇〇〇年）、本書、そして自由民主党の機関紙『自由民主』への連載を著書にまとめた『大政翼賛会に抗した40人　自民党源流の代議士たち』（朝日新聞社、二〇〇六年）を刊行した。政治家の人物論を得意とされたことに関しては、氏の父君楠正俊氏が自民党の参議院議員を三期にわたって務めたことが大きいと推察される。

というのは、『大政翼賛会に抗した40人』の「あとがき」に、「思えば、私が政治史研究のなかでも政治家論に関心を持ったのは、私の父の影響かも知れない〔中略〕家庭での会話には政治家の名前が自然に出て、今では物故した有名政治家の名前を、私は子供の頃から身近に感じていた」と明記されているからである。

氏はさらに、日本歴史学会が編纂し、吉川弘文館から刊行されている「人物叢書」の一巻として『西尾末広』の準備を進めておられた。刊行されれば、氏の無産政党研究や現代政治分析の蓄積が生かされた好著となったであろう。しかし、氏は『大政翼賛会に抗した40人』の刊行作業中から病魔に襲われ、同書刊行からわずか三ヵ月の二〇〇六年一〇月二五日、五四歳の若さで逝去された。研究者としてこれから大成の時期を迎えるところでの早世は惜しまれてならない。

本書の魅力

本書は、文春新書の一冊として二〇〇五年一月に刊行された。主題は、戦前からの政治家の人間関係という側面からみた保守合同をめぐる政党政治史である。

本書が政治家の人間関係を重視したことは、「一　戦前・戦中期の政党政治家」「二　占領下の政党政治家」「三　講和後の政党政治家」という構成や、「あとがき」に、「戦争体験世代が現役であるうちは戦争の影を社会が引きずっていた〔中略〕政治の世界でも、戦前派政治家が現役であるうちは戦前・戦中の様々なしがらみを引きずっていたに違いない。ところが〔中略〕戦前の人間関係がどのように戦後に影響していたか触れられていないことが多い。このことに不満をもったのが本書を書く直接の動機」とあることからわかる。

本書は、政治制度の変遷にも留意しつつ、徹底して保守系の政党政治家の人間関係から戦前〜戦後の政治史を描き出していく。人間関係とは、具体的には、初当選や、党や内閣の要職への登用をめぐる親分子分関係、政治家としてほぼ同期の人物同士については、盟友や対立関係といった側面のことである。そこには多分に感情的なものも垣間見える。その結果として、具体的な政策はほとんど話題になっていない。

しかし、それは理にかなった面が少なくない。宇野重規氏が「進歩主義があってこそ保守主義もまた意味をもつ」（『保守主義とは何か』）と喝破したように、そもそも保守主義とは相対的な思想であって、保守政治家たちは理念や政策を最優先で離合集散しているわけでない。日本において政権から遠ざかった保守系政党がしばしば分裂状態となる（本書でいえば政友会）ことからわかるように、保守政党の離合集散が、理念や政策よりも権力との距離で動きがちであることも、保守系の政党政治家のそうした特徴を裏づけている。別の言い方をすれば、本書は、保守政党の権力闘争の実態を、昭和の戦争をはさんだ保守合同史を題材に描き出した著作なのである。

本書では実に多くの政党政治家が登場する。全体の事実上の主役は鳩山一郎であるが、魅力的な「脇役」としては、三木武吉、河野一郎、そして広川弘禅の三人が挙げられよう。個性的で、権謀術数を駆使して重要な役回りを演じながら、ついに「主役」にはなれなかった人々である。彼らが体現する人間臭い権力闘争が、戦前から戦後にかけての日本の政党政治史の一面だったのである。

さて、こういう政治の人間臭さを感じさせる政治史叙述は本書が初めてではない。ジャーナリストの手になる政治家の人間模様を描いた書物は戦前から枚挙にいとまがないが、ほとんどの場合、断片的な印象論にとどまっている。本書に先立つ学者によるものとしては、升味準之輔氏の一連の著作がほぼ唯一といえる。

明治期から太平洋戦争敗戦までを扱った『日本政党史論』全七巻（東京大学出版会、一九六五年～一九八〇年）の特に第五巻以降、『戦後政治』上・下（同、一九八三年）、『現代政治』上・下（同、一九八五年）は、政治構造や政策の分析とともに、政治家の人間臭い一面も視野に入れた名著である。しかし、これだけの分量を読みこなすのは容易ではない。

これに対し、本書は、保守合同史にテーマをしぼり、升味氏の一連の著作の刊行後に利用できるようになった諸研究や諸史料も活用しつつ、新書一冊というコンパクトな分量に収めている点で、升味氏の一連の著作にはない、独自の魅力を備えている。そして、学者による、学者の見識を生かしつつ、政治の世界の権力闘争の人間臭さを描き出した著作はその後現れていない。

もっとも、楠氏は、本書の「あとがき」にあるように、「保守合同が目指した政治目標や理念に照らして、現在までの戦後政治」を考察する意欲もお持ちであった。しかし、早すぎる逝去によって、そうした著作を目にする機会は失われてしまったのである。

＊

最後に、小生が本書の解説を書くことになった事情を記しておきたい。小生が大学院生のころ、恩師伊藤隆東大教授（現名誉教授）の自宅での新年会に楠氏が来ておられ、氏が小生の高校の先輩であることがわかったことが、氏と小生の関係の始まりである。

その後、小生が横浜市立大学に奉職した際に、中公新書編輯部に紹介していただき、「読みなおす日本史」の一巻ともなった『皇紀・万博・オリンピック』執筆の機会を得た。こうした研究面でのご指導だけでなく、氏の東洋英和女学院大のゼミと古川のゼミとの合同ゼミ（のちに氏の紹介で、慶大法学部の笠原英彦教授〔当時〕のゼミも加わった）を企画され、教育面でも大いに学ばせていただいた。その結果、『日本歴史』七〇五号（二〇〇七年二月号）に氏の訃報記事を書くこととなり、それが今回の「解説」執筆につながった。

今回、この解説を書くために氏の業績を見直してみてはじめて、現代日本政治分析の業績を多数お持ちであることに気づいた。氏は古川にはその側面については生前語られなかった。それは学者としての本分は日本近現代政治史の研究なのだという自負をお持ちであったためと推察される。こうして氏の足跡をいささかなりとも紹介する機会を得ることで、氏の学恩に少しでも報いることができていることを願いたい。

（日本大学文理学部教授）

本書の原本は、二〇〇五年に文藝春秋より刊行されました。

著者略歴

一九五二年　東京都に生まれる

一九八一年　慶應義塾大学大学院法学研究科博士課程単位取得退学

高崎経済大学教授、東洋英和女学院大学教授を歴任。法学博士

二〇〇六年　没

〔主要著書〕

『明治立憲制と司法官』（慶應通信、一九八九年）、『児島惟謙』（中央公論社、一九九七年）、『列伝・日本近代史』（朝日新聞社、二〇〇〇年）、『大政翼賛会に抗した40人』（朝日新聞社、二〇〇六年）

昭和の代議士

二〇二二年（令和四）十月二十日　第一刷発行

著　者　楠（くすのき）　精（せい）一（いち）郎（ろう）

発行者　吉　川　道　郎

発行所　株式会社　吉川弘文館

郵便番号一一三―〇〇三三
東京都文京区本郷七丁目二番八号
電話〇三―三八一三―九一五一〈代表〉
振替口座〇〇一〇〇―五―二四四
http://www.yoshikawa-k.co.jp/

組版＝株式会社キャップス
印刷＝藤原印刷株式会社
製本＝ナショナル製本協同組合
装幀＝渡邊雄哉

© Kyōko Kusunoki 2022. Printed in Japan
ISBN978-4-642-07519-0

JCOPY 〈出版者著作権管理機構　委託出版物〉

本書の無断複写は著作権法上での例外を除き禁じられています．複写される場合は，そのつど事前に，出版者著作権管理機構（電話 03-5244-5088，FAX 03-5244-5089，e-mail: info@jcopy.or.jp）の許諾を得てください．

刊行のことば

現代社会では、膨大な数の新刊図書が日々書店に並んでいます。昨今の電子書籍を含めますと、一人の読者が書名すら目にすることができないほどとなっています。ましてや、数年以前に刊行された本は書店の店頭に並ぶことも少なく、良書でありながらめぐり会うことのできない例は、日常的なことになっています。

人文書、とりわけ小社が専門とする歴史書におきましても、広く学界共通の財産として参照されるべきものとなっているにもかかわらず、その多くが現在では市場に出回らず入手、講読に時間と手間がかかるようになってしまっています。歴史の面白さを伝える図書を、読者の手元に届けることができないことは、歴史書出版の一翼を担う小社としても遺憾とするところです。

そこで、良書の発掘を通して、読者と図書をめぐる豊かな関係に寄与すべく、シリーズ「読みなおす日本史」を刊行いたします。本シリーズは、既刊の日本史関係書のなかから、研究の進展に今も寄与し続けているとともに、現在も広く読者に訴える力を有している良書を精選し順次定期的に刊行するものです。これらの知の文化遺産が、ゆるぎない視点からことの本質を説き続ける、確かな水先案内として迎えられることを切に願ってやみません。

二〇一二年四月

吉川弘文館